Das Egregore der Taube

Innerer Friede und Weltfrieden

Aus dem Französischen übersetzt
Originaltitel:
»L'égrégore de la Colombe
ou le règne de la paix«

Der deutsche Buchtitel wurde geändert.
Er hieß von 1984-2009:

Das Egregore der Taube
oder das Reich des Friedens

ISBN 2-85566-204-4, Französische Originalausgabe

ISBN 978-3-89515-098-2

Druck 2020: Interpress, Ungarn

Omraam Mikhaël Aïvanhov

Das Egregore der Taube

Innerer Friede und Weltfrieden

Reihe Izvor – Band 208

PROSVETA VERLAG

Da Omraam Mikhaël Aïvanhov seine Lehre ausschließlich mündlich überlieferte, wurden seine Bücher aus stenografischen Mitschriften, Tonband- und Videoaufnahmen seiner frei gehaltenen Vorträge erstellt.

INHALT

Omraam Mikhaël Aïvanhov im Jahr 1945

Der Begriff »Egregore« im Titel des Buches

Jede Vereinigung, jede religiöse, politische oder künstlerische Bewegung sowie jedes Land bilden ein »Egregore«. Das Egregore (auch Egregor genannt) ist ein psychisches Wesen, das von den Gedanken, den Wünschen und dem Fluidum seiner Kollektiviät ausgeht, in der alle für dasselbe Ziel arbeiten. Zum Beispiel ist das Egregor von Frankreich der Hahn und das von Russland der Bär usw. Aber weder Hahn, noch Bär, noch Tiger oder Drache sind in der Lage, die Probleme der Welt zu lösen. Oft bekämpfen die Egregor sich in der feinstofflichen Welt. Manche Hellseher sehen diese Auseinandersetzungen und bald darauf bricht auf der Erde zwischen den Menschen ein Krieg aus. Deshalb müssen alle Menschen nun gemeinsam das Egregor der Taube bilden, das den Frieden bringt.

Omraam Mikhaël Aïvanhov

Kapitel 1

EIN BESSERES VERSTÄNDNIS DES FRIEDENS

Ich nahm einmal an einer öffentlichen Diskussion über den Frieden teil, an der mehrere angesehene, gebildete, intelligente, sympathische und sogar amüsante Persönlichkeiten teilnahmen. Ich erfuhr dort, dass der Frieden der wünschenswerteste Zustand für die ganze Menschheit sei, der Krieg hingegen das schlimmste aller Übel. Ich war wirklich begeistert und sagte mir: »Da man offenbar endlich begriffen hat, wie segensreich der Frieden ist, wird die Menschheit ganz bestimmt gerettet werden.«

Aber ich wollte trotzdem hören, wie es zu diesem Frieden kommen sollte. Mehrere Redner legten dafür Pläne vor. Der eine schlug vor, eine »Weltpolizei« zu schaffen, um die Länder am gegenseitigen Bekämpfen zu hindern. Schön und gut, aber wie soll man so etwas durchführen? Der Vorschlag erinnerte mich an eine Fabel von La Fontaine, in der die Mäuse beratschlagten, wie sie sich am besten vor der Katze schützen könnten. Nach langem Hin und Her machte die Mäuse-Älteste den Vorschlag, der Katze ein Glöckchen umzuhängen, damit man sie schon von Weitem hören könne. Diese fabelhafte Lösung wurde mit Beifall bedacht. Nur fand sich leider nie eine mutige Maus, die der Katze das Glöckchen umhängen wollte! Mit der Weltpolizei ist es genauso. Wo findet man eine internationale Truppe, die für diese Tätigkeit unparteiisch und ehrlich genug ist? Und wie könnte man sie allen Nationen aufzwingen?

Ein anderer Redner vertrat die Ansicht, dass der Frieden nur durch den Föderalismus verwirklicht werden könne und verlor sich in komplizierten Theorien, denen niemand richtig folgen konnte. Ein Dritter beschuldigte den Staat, seine Macht zu missbrauchen und die Bürger zu Sklaven zu machen... Nachdem ich mir noch verschiedene andere Referenten angehört hatte, musste ich einsehen, dass der Frieden nicht so bald kommen würde, denn niemand begreift ihn und niemand weiß, was er eigentlich bedeutet.

Diese Frage kann nur vom Standpunkt der Einweihung aus beantwortet werden, denn um den Frieden zu verwirklichen, muss man den Menschen sehr gut kennen. Ihr werdet sagen: »Ach, den Menschen kennen wir doch!« Nein, seine seelische Beschaffenheit mit seinen feinstofflichen Körpern und deren jeweils ganz verschiedene Bedürfnisse und Wünsche kennt man nicht.[1] Vor allem kennt man den Menschen nicht so, wie wir ihn darstellen, mit seinen beiden Seiten, seinem niederen und seinem höheren Selbst, der Personalität und der Individualität.[2] Also gut, solange man dieses Wissen nicht hat, wird es nie Frieden in der Welt geben, wie man es auch anpackt.

Gegenwärtig sieht man vor allem aufgehetzte Leute, die sich gegenseitig als Kriegsursache beschuldigen. Sie glauben, so für den Frieden zu wirken. Für die einen sind die Reichen die Schuldigen, für die anderen die Intellektuellen, die Politiker oder die Gelehrten. Die Gläubigen sehen in allen, die nicht ihrer eigenen Glaubensrichtung angehören, Ketzer, die die Menschheit ins Verderben stürzen; die Ungläubigen werfen den Gläubigen vor, sie seien Fanatiker... Bei näherer Betrachtung werdet ihr feststellen, dass jeder glaubt, durch die Beseitigung von etwas ihm Fremdem – entweder Dingen oder Menschen – den Frieden in der Welt wiederherstellen zu können. Aber gerade da täuscht man sich. Selbst wenn man heute Armeen und Waffen abschaffte, erfänden die Menschen morgen andere Mittel, um sich gegenseitig umzubringen. Der Frieden ist ein innerer Zustand, und man wird ihn nie durch Beseitigung irgendwelcher Äußerlichkeiten erlangen. Zuerst muss man in seinem Inneren die Kriegsursachen abschaffen.

Hier ein ganz einfaches Beispiel: Jemand macht sich eine üppige Mahlzeit mit Wurst, Schinken und Geflügel, die er reichlich mit gutem Wein begießt. Nach dem Essen sagt er sich: »So, jetzt suche ich mir ein stilles Plätzchen und ruhe mich aus.« Er findet tatsächlich ein ruhiges Eckchen, aber nun verspürt er eine gewisse Unruhe. Er greift nach einer Zigarette und raucht... Dann streckt er sich aus und denkt, dass er gerne auch eine nette Frau bei sich hätte. Und wo findet man eine? Beim Nachbarn, natürlich. Es gibt da zwar eine Mauer, aber das macht nichts. Er springt einfach darüber. Die Fortsetzung der Geschichte könnt ihr euch vorstellen... Von Frieden braucht man da natürlich nicht mehr zu reden!...

Frieden ist kein Zustand, der sich automatisch einstellt. Wenn ihr Frieden sucht, innerlich aber erregt oder unruhig seid, werdet ihr nie Frieden finden; denn er ist ein Ergebnis, eine Folgeerscheinung. Frieden bedeutet, dass alle äußeren und inneren Funktionen des Menschen völlig ausgeglichen und miteinander im Einklang sind. Man muss also Mittel und Wege kennen, die zum Frieden führen, und das ist eine ganze Wissenschaft.

Sobald der Mensch bestimmte Wünsche und Begierden in sich nährt, kann er – was immer er auch unternimmt – nicht mehr in Frieden leben, denn jetzt ist bereits der Keim der Unordnung in ihn gelangt. Nehmen wir zum Beispiel einen Dieb. Er muss sich ohne Unterlass vorstellen, was ihm alles zustoßen könnte, dass man ihn beobachtet, verhaftet und ins Gefängnis steckt... Er ist nie sicher, dass man ihn nicht gesehen hat, ob er Spuren hinterlassen oder durch irgendeine Bewegung seinen Diebstahl verraten hat. Er ist nicht mehr ruhig, er hat keinen Hunger mehr, kann nicht mehr schlafen und möchte sich nur noch verstecken.

Ein anderer hat sich Geld geliehen und versprochen, es zurückzugeben. Da er jedoch nicht imstande ist, sich einzuschränken, um die nötige Summe aufzubringen, gibt er sie nicht wieder zurück. Er wird nun von seinen Gläubigern verfolgt und weiß sich nicht mehr vor ihnen zu retten... Ein Dritter hat einem Freund harte, verletzende Worte gesagt und sich ihn zum Feind gemacht. Wieder einmal ist der Frieden auf und davon! Ich brauche keine weiteren Beispiele zu nennen, man könnte Hunderte finden. Ja, die Menschen beweisen immer wieder ein unerhörtes Talent, den Frieden zu verlieren. Wenn eine ganze Meute euch kläffend hinterherrennt, weil ihr Schulden habt, weil ihr gestohlen und etwas in Unordnung gebracht oder ein Versprechen nicht gehalten habt, wie wollt ihr dann Frieden finden? »Indem ich vor meinen Gläubigern fliehe«, werdet ihr sagen. Ja, bestimmt, aber wie könnt ihr den Gläubigern in eurem Inneren, der Unruhe und den Gewissensbissen entkommen, die euch verfolgen?... So zu argumentieren zeigt, dass es an echtem Wissen und an wahren Kenntnissen fehlt. Macht euch nichts vor, die Gedanken holen euch immer wieder ein.

Scheinbar ist es sehr leicht, den Frieden zu finden: Man braucht nur auf einen hohen Berg zu steigen, wo Stille und Einsamkeit herrschen. Aber selbst dort findet der Mensch den Frieden nicht. Warum? Weil er in seinem Kopf ein Radio mitgenommen hat. Ja, ein Radio, von dem er sich nie trennt und das ständig läuft... Was hört er da nicht alles! Oft ist es auf die Sender der Hölle eingestellt; die bringen natürlich auch Musik. Aber was für eine Musik, was für einen Lärm! Und das, obwohl er doch auf dem Gipfel von Ruhe und Stille umgeben ist! Ja, äußerlich ist alles ruhig, aber innerlich toben Gewitter und Sturm. Wie soll man da den Frieden finden?

Jeder weiß, dass der menschliche Körper zahlreiche Organe besitzt, die alle miteinander verbunden sind. Jedes Organ hat eine bestimmte Aufgabe, aber sie alle müssen in Einklang, in Harmonie miteinander sein, sonst gäbe es Unordnung und Dissonanzen, wie man dies in der Musik nennt. Der Mensch kann nur dann gesund und in Frieden leben, wenn all seine Organe selbstlos und uneigennützig für das Wohl des ganzen Körpers tätig sind. Aber diese Gesundheit und dieser Frieden sind erst ein rein physischer Zustand. Wer den Frieden der Seele und des Geistes finden will, muss höher aufsteigen. Alle Elemente des psychischen Organismus müssen wie die physischen Organe ebenfalls ohne Egoismus, Reibereien oder Voreingenommenheit im Einklang schwingen. Friede ist also ein höherer Bewusstseinszustand. Da er aber trotzdem von der Gesundheit unseres Organismus abhängt und weil die geringsten dort auftretenden Störungen die psychische Harmonie infrage stellen können, müssen physischer und psychischer Körper in völligem Einklang miteinander schwingen, damit der Friede sich vollständig einstellen kann.[3]

Was man im Allgemeinen unter Frieden versteht, ist nicht der wahre Frieden. Wenn ihr einige Minuten oder Stunden lang weder Aufregung noch Unruhe verspürt, ist das noch kein Frieden, denn dieser Zustand ist nicht dauerhaft. Wenn der wahre Frieden sich erst in euch eingenistet hat, könnt ihr ihn nicht wieder verlieren. Ja, Frieden heißt nicht nur, sich eine Zeit lang wohl, ruhig und sorgenfrei zu fühlen. Frieden ist etwas viel Tieferes, viel Kostbareres... Frieden ist, wie ich schon sagte, ein Ergebnis. Wenn alle Musikinstrumente in einem Orchester perfekt gestimmt sind, wenn alle Musiker sich nach dem Dirigenten richten – den sie dank langer Zusammenarbeit gut kennen und lieben –, entsteht daraus eine außerordentliche Harmonie. Auch im Menschen bedeutet der Frieden eine Harmonie, eine völlige Übereinstimmung zwischen den Elementen, Kräften, Funktionen, Gedanken, Gefühlen und Handlungen.

Dieser tiefe, unbeschreibliche Frieden ist sehr schwer zu erreichen, weil man dazu viel Willenskraft, Geduld, Liebe und ein großes Wissen besitzen muss. Sobald der Schüler die Eigenschaften aller Elemente, Gedanken, Gefühle und Wünsche zu kennen und verstehen beginnt, damit er nichts mehr in sich aufnimmt, das seine innere Harmonie stören könnte, und wenn es ihm schließlich gelingt, alles, was nicht im Einklang schwingt, aus seinem Organismus auszuscheiden, dann erst findet er den Frieden.

Wenn ihr raucht, wenn ihr wahllos esst und trinkt, nehmt ihr gewisse schädliche Stoffe in euren Organismus auf, die krank machen. Ihr könnt dann keinen Frieden finden. Wie wollt ihr mit Zahnschmerzen, Durchfall oder Herzklopfen den Frieden erlangen? Ihr habt Stoffe in euch aufgenommen, die Verstopfungen oder Gärungen verursachen, und diese müssen jetzt ausgeschieden werden. Das gleiche Gesetz gilt im psychischen Bereich. Solange ihr die Beschaffenheit eurer Gefühle, Gedanken, Wünsche, Leidenschaften und Triebe nicht kennt, sie aber einatmet und euch von ihnen nährt, ohne zu wissen, ob sie euch guttun oder schaden, werdet ihr nie den Frieden finden.

Frieden ist also die Folge eines umfassenden Wissens über die Beschaffenheit der Elemente, von denen der Mensch sich auf den verschiedenen Ebenen nährt. Neben diesem Wissen braucht man natürlich – wie ich schon sagte – große Wachsamkeit und einen starken Willen, damit keine störenden Elemente eindringen. Gerade deshalb legen die Eingeweihten so viel Wert auf die Reinheit, weil sie seit Langem erkannten, dass sie bei der geringsten Unreinheit in ihrem physischen Körper, ihren Gefühlen oder Gedanken sofort den Frieden verloren.

Ich sagte es eben: Frieden ist die Folge einer Harmonie zwischen allen Elementen, aus denen der Mensch besteht: Geist, Seele, Verstand, Herz, Wille und Leib. Und weil diese Elemente nur selten im Einklang schwingen, ist es schwer, den Frieden zu erlangen. Jemand hat klare und weise Gedanken, wird aber von seinem Herzen, in das sich ein niederes Gefühl eingeschlichen hat, zu Dummheiten verleitet. Ein anderer hat die besten Absichten, aber sein Wille ist lahm. Wie sollte er bei derartigen Widersprüchen den Frieden finden? Den Frieden kann der Mensch erst zuallerletzt erlangen. Erst wenn er nach allen möglichen Leiden und Kämpfen, Niederlagen und Siegen endlich seine göttliche Natur über die aufständische, lärmende niedere Natur siegen lässt, kann er den Frieden finden. Bis dahin erlebt er vielleicht wunderbare Augenblicke, die aber nicht von Dauer sind. Deshalb hört man viele Menschen sagen: »Ich habe meinen Frieden verloren.«

Den tatsächlichen, wahren Frieden kann man unmöglich verlieren. Es mag von Zeit zu Zeit einige Unruhen geben, aber sie sind nur oberflächlich. Im tiefen Innern herrscht Frieden, wie beim Meer, dessen Oberfläche ständig durch Wellen und Schaumkronen in Bewegung ist, aber weit unter der Oberfläche herrscht in der Tiefe Frieden. Wenn ihr den wahren Frieden erlangt habt, können äußere Erschütterungen euch nicht mehr beunruhigen. Ihr fühlt euch geschützt wie in einer Festung. In Psalm 91 heißt es: »Du, oh Herr, bist meine Zuflucht, den Höchsten hast du zum Schutz dir erwählt.« Diese Zuflucht ist das höhere Selbst. Wenn es euch gelingt, diesen Punkt zu erreichen, die höchste Stufe unseres Seins, dann lernt ihr den Frieden kennen. Dieser Friede ist eine göttliche, unbeschreibliche Empfindung. Aber bevor ihr diesen Zustand erreicht, müsst ihr zahlreiche Siege über eure niederen Triebe davontragen!

Folglich herrscht dann Frieden, wenn alle Elemente und Faktoren, aus denen der Mensch besteht, in Harmonie, in absolutem Einklang schwingen. Aber ich möchte noch hinzufügen, dass diese Harmonie nur dann möglich ist, wenn alle Elemente geläutert sind. Wenn sie nicht im Einklang schwingen, haben sich Unreinheiten eingeschlichen. Wenn jemand etwas gegessen hat, das ihm nicht bekommt, fühlt er sich unwohl und reizbar. Aber wenn er ein Abführmittel nimmt, geht es wieder besser! Die Unreinheiten zerstören den Frieden. Wer also den Frieden erlangen will, muss an seiner Läuterung arbeiten und alle Schadstoffe loswerden, die Verstand, Gemüt und Willen hindern, gut zu funktionieren. Ein wahrer Eingeweihter hat nur eines begriffen: Das Wesentlichste ist, rein zu werden, so rein wie ein Gebirgssee, ein Kristall, der blaue Himmel oder das Licht der Sonne... Mit dieser Reinheit kann er alles andere erlangen. Natürlich ist es gar nicht so einfach, die Reinheit herbeizuführen. Aber man sollte sie wenigstens begreifen, dann sie lieben und mit allen Fasern seines Wesens herbeisehnen und schließlich versuchen, sie zu verwirklichen.

Ihr müsst wissen, dass ihr unreine Elemente aufgenommen habt, wenn in eurem physischen Körper, eurem Herzen oder Denken Störungen auftreten, und »unrein« kann ganz einfach »fremd« heißen. Unreinheiten sind unerwünschte Stoffe, weil sie dem menschlichen Organismus fremd sind. Diese Stoffe sind vielleicht nicht unrein an sich, werden aber als unrein angesehen, weil sie im Körper Störungen verursachen. Folglich sind sie schädlich und müssen beseitigt werden. Wenn ihr krank oder gequält seid, habt ihr eine Unreinheit in Form eines Gedankens, Gefühls oder etwas anderem in euren Körper eindringen lassen.

Jede Unreinheit, ob auf mentaler, astraler oder physischer Ebene bringt Störungen mit sich; und wenn ich von »Störungen« spreche, dann ist dies nur das kleinste Übel, denn Unreinheiten können auch Vergiftungen und sogar den Tod hervorrufen. Deshalb ist es notwendig, sich auf allen Ebenen zu reinigen. Im körperlichen Bereich kann man dies durch Bäder, Abführmittel, Klistiere oder Fasten und im psychischen Bereich durch Gebet, Meditation und andere geistige Übungen erreichen. Nur unter dieser Bedingung kann man den wahren Frieden erlangen.[4]

Erst wenn der Mensch wachsam genug wird, um sein eigenes Reich, das er selbst verkörpert, makellos zu halten, kann er einen beständigen und dauerhaften Frieden erlangen. Und was ist dieser Friede? Eine unbeschreibliche Glückseligkeit, eine fortwährende Symphonie, ein überirdischer Bewusstseinszustand, in dem alle Zellen in einem Meer des Lichts baden, in lebendigem Wasser schwimmen und sich von Ambrosia nähren... Er lebt dann in einer solchen Harmonie, dass der ganze Himmel sich in ihm spiegelt. Er erschaut allmählich eine Pracht, die er vorher nicht wahrnehmen konnte, weil er zu unruhig und erregt war, und weil seine inneren Augen – und sogar die äußeren – nicht auf den Dingen verweilen konnten, um sie zu sehen.

Nur der Friede ermöglicht, die Anwesenheit der feinstofflichen Wirklichkeit zu erblicken und zu verstehen. Darum entdecken die Eingeweihten, die den wahren Frieden gefunden haben, die Wunder des Universums.

Die meisten Menschen suchen nur das Flüchtige, Trügerische, das ihnen nur Enttäuschung und Kummer beschert. Aber es fällt ihnen schwer, dies einzusehen. Um dies zu verstehen, muss man leiden, leiden und Enttäuschungen erleben... Man muss wirklich ganz unten und völlig verzweifelt gewesen sein, um zu erkennen, dass das Erwünschte weder Friede noch Fülle, weder Ehre noch Macht brachte. Aber den Jungen kann man dies unmöglich verständlich machen. Man muss alt sein, innerlich oder äußerlich sehr alt sein, um sich dem alleinigen, ewigen Reichtum zu widmen. Wer noch jung ist, spielt noch mit Puppen, Bleisoldaten und Sandburgen. Sein Alter erlaubt ihm noch nicht, sich mit ernsthaften Fragen zu beschäftigen... Aber wenn er reifer wird, lässt er alles beiseite, um Großartiges zu verwirklichen, und dann wird er endlich den Frieden finden.

Frieden stellt sich erst ein, wenn alle Zellen mit einer göttlichen und selbstlosen Vorstellung im Einklang schwingen. Darum sagen die Weisen zu Recht, dass man den Frieden erst erlangen kann, wenn die eigenen Zellen, das ganze Wesen aus Gedanken der Liebe, das heißt der Barmherzigkeit, Großzügigkeit, Vergebung und

Entsagung besteht. Vorher ist es nicht möglich, denn nur durch solche Gedanken entsteht Frieden. Wenn ihr eurem Nachbarn etwas vorzuwerfen habt, das ihr ihm nicht verzeihen könnt, und wenn ihr euch den Kopf zerbrecht, wie ihr euch rächen könnt oder wenn sich jemand Geld bei euch geborgt hat und ihr immer daran denken müsst, dass er es euch zurückgeben sollte, dann ist es nicht möglich, den Frieden zu finden, denn solche Überlegungen sind zu persönlich und egoistisch.

Selbst wenn ihr ein paar Minuten oder ein paar Stunden lang ruhig seid, ist das noch kein Frieden, sondern nur eine kleine Pause, eine Beruhigung (diese Art Frieden können sogar böse Menschen haben), und dann werdet ihr von Neuem von euren Qualen und Ängsten gepackt. Der wahre Friede ist ein geistiger Zustand, den man nicht verlieren kann, wenn man ihn erst einmal erlangt hat. Wenn ihr den Wunsch habt, Gottes Willen zu erfüllen, das heißt, ein Wohltäter der Menschheit zu werden, alle Menschen zu lieben, ihnen zu dienen und verzeihen, dann bringen diese Gedanken alle Teilchen ihres Wesens in die gleiche Schwingung, und erst jetzt könnt ihr den Frieden genießen. Und habt ihr erst einmal diesen Frieden erlangt, folgt er euch überallhin: Ihr habt ihn gestern gespürt, und auch heute noch ist er den ganzen Tag da... und am nächsten Tag wartet er schon nach dem Erwachen auf euch. Mit Erstaunen stellt ihr fest, dass ihr euch nicht einmal mehr anstrengen müsst, um ihn wiederzufinden. Vorher musstet ihr euch lange konzentrieren, beten, singen oder sogar Beruhigungsmittel nehmen, um ruhig zu werden; jetzt ist dies nicht mehr notwendig, denn der Friede ist bereits da, in euch.

Beschäftigt ihr euch daher eingehend mit der Vorstellung, zu lieben, Gutes zu tun, alles zu verzeihen... bis ihr eines Tages so stark werdet, dass alle eure Zellen davon geprägt sind und mit euch im Einklang schwingen. Dann wird der Friede euch nicht mehr verlassen. Selbst wenn gewisse Ereignisse euch beunruhigen, werdet ihr mit einem Blick in eurem Innerem feststellen, dass der Friede trotz allem immer noch da ist. Denn jetzt handelt es sich nicht mehr wie vorher um eine Beruhigung, eine künstlich hergestellte, aufgezwungene Ruhe, die nur so lange andauert, wie ihr euch anstrengt... Jetzt ist er ein Zustand, der sozusagen ein Teil eures Selbst geworden ist.

Habt ihr schon einmal die Raubtiere beobachtet? Wenn der Dompteur bei ihnen ist, tun sie so, als ob sie sich vertragen würden; sobald er sie aber allein lässt, stürzen sie sich aufeinander und zerreißen sich gegenseitig. Und die Schulkinder? Solange der Lehrer dabei ist, sitzen alle brav auf ihren Plätzen, aber wenn er hinausgeht, toben sie herum, schreien und raufen sich. Für die Zellen im Organismus gilt das Gleiche: Solange ihr euch Mühe gebt, sie zu beherrschen, lassen sie sich ein wenig beruhigen, aber sowie ihr ihnen den Rücken zukehrt, das heißt, sobald die Gedanken woanders sind, ist die Unruhe wieder da. Man muss sich also um seine Zellen kümmern, sie zur Vernunft bringen, sie waschen und ernähren, als wenn sie unsere Kinder oder Schüler wären. Ja, und wenn es euch gelungen ist, sie zu belehren, wenn sie ihre Arbeit ohne Streit und Diskussionen ausführen, dann stellt sich der Friede ein.

Bildet euch auf keinen Fall ein, den Frieden zu finden, indem ihr die Wohnung, die Freunde, den Beruf, die Lektüre, das Land, die Religion... oder die Frau wechselt. Der Friede hängt nicht von solchen Veränderungen ab. Eine Zeit lang Ruhe, ein Aufschub, ja, aber sofort danach werden euch auch dort neue Sorgen überfallen, weil ihr nicht begriffen habt, dass der Friede einzig und allein von einem veränderten Denken, Fühlen und Handeln abhängt. Wenn ihr diese Bereiche verändert, könnt ihr am gleichen Ort, in den gleichen Schwierigkeiten sein und trotzdem den Frieden erlangen. Denn er hängt nicht ausschließlich von äußeren Umständen ab; er kommt von innen, überflutet und erfüllt euch trotz Unruhen und Erschütterungen in der ganzen Welt. Er gleicht einem von oben kommenden Strom. Wenn dieser Frieden in euch wohnt, könnt ihr ihn an andere weitergeben und wie etwas Reales, Lebendiges verbreiten. Dann arbeitet ihr für die ganze Welt, indem ihr den anderen den Frieden bringt.

Viele Menschen behaupten heute, für den Frieden in der ganzen Welt zu arbeiten. Aber in Wirklichkeit tun sie nichts, um ihn tatsächlich herbeizuführen. Nur Redensarten... Sie gründen Friedensvereinigungen, aber nur, um sich hervorzutun, einander einzuladen und Auszeichnungen in Empfang zu nehmen. Ihr Leben hat nichts mit einem Leben für den Frieden zu tun. Sie haben nie daran gedacht, dass erst einmal alle Zellen ihres Körpers, alle Teilchen ihres physischen und psychischen Wesens nach den Gesetzen des Friedens und der Harmonie leben müssen, um den Frieden auszustrahlen, für den sie angeblich arbeiten. Während sie über den Frieden schreiben und in ihren Versammlungen darüber reden, nähren sie in ihrem Inneren den Krieg, denn sie kämpfen ständig gegen das eine oder andere an. Welchen Frieden können sie also bringen? Der Mensch muss den Frieden zuerst in sich selbst, in seinen Handlungen, Gefühlen und Gedanken verwirklichen. Erst dann arbeitet er wirklich für den Frieden.

Anmerkungen

1. Siehe auch Band 222 der Reihe Izvor »Die Psyche des Menschen«, Kapitel 1: »Erkenne dich selbst«, Kapitel 2: »Eine synoptische Tafel« und Kapitel 3: »Von Seelen und Körpern«.
2. Siehe auch Band 213 der Reihe Izvor »Die menschliche und göttliche Natur in uns«, Kapitel 2: »Die niedere Natur, die umgekehrte Spiegelung der höheren Natur«.
3. Siehe auch Band 225 der Reihe Izvor »Harmonie und Gesundheit«.
4. Siehe auch Band 7 der Reihe Gesamtwerke »Die Reinheit – Die Mysterien von Jesod«.

Kapitel 2

DIE VORTEILE DER VÖLKERVEREINIGUNG

Viele große Länder, die heute eine politische Einheit bilden, sind aus verschiedenen Staaten entstanden, die sich vor nicht allzu langer Zeit noch bekämpften! Eines Tages haben sie die Vorteile der Einheit erkannt, und seitdem sie sich zusammengeschlossen haben, bilden sie eine wirkliche Macht. Dieses Stadium ist aber noch nicht befriedigend, denn obgleich jedes dieser Länder eine richtige Macht bedeutet, spürt es, dass sein Nachbar ihm Konkurrenz macht: Es wird unruhig, das andere auch, und schon fangen beide mit der Rüstung an. Wie soll das aber enden? Sie werden sich gegenseitig zerstören.

Alle Länder müssen also begreifen, dass es an der Zeit ist, eine viel weiterreichendere, umfassendere Einheit zu bilden: Alle Staaten der Erde müssen sich vereinigen, und diese Vereinigung wird dann genau wie im menschlichen Organismus Gesundheit, Wohlbefinden und Kraft hervorbringen. Die Menschheit ist noch nicht gesund, sie ist krank, sie hat Krebs, weil überall die Philosophie des Separatismus herrscht. Jeder will nur für sein eigenes Land, seine eigene Familie, seine eigene Person arbeiten. Nun, diese Einstellung bringt bis in alle Ewigkeit Schwierigkeiten und Kriege mit sich, denn bei dieser Trennung wird immer der eine oder andere benachteiligt sein. Jetzt muss alles vereinfacht und alle Länder auf der ganzen Erde überzeugt werden, dass alle Menschen viel besser leben würden, wenn sie mit einer allgemeinen Vereinigung einverstanden wären: Keinem würde etwas abgehen, alle könnten im Überfluss leben, könnten frei reisen, einander treffen und lieben, sich freuen und schöpferisch sein.

Früher, als der Mensch noch nicht imstande war, sein Bewusstsein über seine Kaste, seine Sippe oder seine Nation hinaus zu erweitern, hatte die Vorstellung der Abgrenzung ihre Daseinsberechtigung. Selbst große Eingeweihte, wie zum Beispiel Moses, haben die Ansicht vertreten, man müsse fremde Völker bekämpfen, und Moses nahm sogar selbst an Kriegen teil. Zu jener Zeit konnte man die brüderliche Liebe und die Notwendigkeit einer weltweiten Familie niemandem verständlich machen. Heute ist dies anders: Durch die schnellen Kommunikations- und Informationsmöglichkeiten ist die Erde plötzlich so klein geworden, dass die Menschen jetzt begreifen sollten, dass sie die Grenzen abschaffen und sich vereinen müssen, damit die ganze Welt eine Familie bildet. Man bekämpft sich, aber was will man eigentlich verteidigen? Alle sind darauf bedacht, einen Zustand zu verteidigen, der zum Verschwinden vorgesehen ist! Bald werden sie beschämt entdecken, wie beschränkt ihr Standpunkt war.

Dennoch stellt man heute fest, dass sich im Bewusstsein der Menschen eine Wandlung vollzieht, und ihr werdet sehen, dass diese immer stärker wird, wenn nicht bei den Erwachsenen, dann durch die Jugendlichen. Man sieht bereits, dass die jungen Leute die Erwachsenen zwingen, ihre Begriffswelt auszudehnen und Rassenhass, Nationalismus und Intoleranz aufzugeben. Ihr könnt die engstirnigen Ansichten, die allen Kriegen zugrunde liegen, nicht mehr ertragen. Ja, die heranwachsende Jugend wird die ganze Welt grundlegend verändern. Sie wird sowohl in Russland als auch in Amerika eine ungeheure Umwälzung bewirken.

Die politischen Drahtzieher bilden sich allzu oft ein, das Schicksal eines Landes liege in ihren Händen. Vielleicht sieht es eine Zeit lang so aus, aber diese Illusion vergeht schnell. Alle, die der Meinung waren, alles hinge von ihnen ab, nahmen ein schlimmes Ende. Die Tyrannen enden immer übel: Zuerst lassen sie einige Köpfe rollen, und dann muss schließlich eines Tages ihr eigener rollen, auf die eine oder andere Art. Denn in Wirklichkeit bestimmen nicht die Menschen – auch nicht die mächtigsten – das Schicksal der Menschheit, sondern sehr hohe unsichtbare Wesenheiten, die den Gang der Ereignisse beobachten und lenken.

Bedenkt, wie viele mächtige Reiche, vor denen die ganze Welt zitterte, unter Staub und Wüstensand verschwunden sind! Ja, es gibt eben eine höhere Intelligenz, andere Kräfte, die ein uns unbekanntes Ziel verfolgen. Die Menschen sollten also versuchen, zu begreifen und demütiger zu sein, sonst wird es ihnen früher oder später übel ergehen. Selbst den Geheimgesellschaften, die glaubten, die Welt beherrschen zu können, ist dies nie gelungen, und viele existieren heute auch gar nicht mehr. Das Ideal der großen Eingeweihten hingegen, die dem Willen Gottes folgen, ist nie verschwunden, auch wenn diese oft mit Füßen getreten und umgebracht wurden. Denn die Pläne Gottes sind immer auf das Wohl der Menschheit, auf ihre Befreiung und ihr Glück ausgerichtet und werden sich verwirklichen.

Meine lieben Brüder und Schwestern, die Universelle Weiße Bruderschaft gibt es, um die Menschen daran zu erinnern, dass sie alle Kinder desselben Vaters, Gottes, sind, der ihnen das Leben gibt, und derselben Mutter, der Natur.[1] Warum sich dann gegenseitig umbringen? Warum gegeneinander arbeiten? Es ist einfach abscheulich und sinnlos. Ihr seht, man kann dem nichts entgegenhalten. Wenn man diese Wahrheit akzeptiert, kann man sich nicht länger abtrennen und hassen, das ist nicht logisch. Man muss entweder in Übereinstimmung mit dieser Wahrheit leben oder sie dann glattweg ablehnen. Das wäre ehrlicher. Wenn man nicht denselben Vater und dieselbe Mutter hätte, dürfte man sich im Notfall bekämpfen; aber sich untereinander und andere umzubringen, wie viele Christen es tun, während sie sich gleichzeitig gläubig nennen, das geht natürlich überhaupt nicht, denn darin liegt ein ungeheurer Widerspruch!

Gott ist über die Berücksichtigung von Rassen, Nationen oder Völkern erhaben; er schenkt das Leben allen. Er hat die Menschen nicht geschaffen, damit sie in erster Linie Arier oder Juden, Slawen oder Araber, Chinesen oder Amerikaner sind. Er hat sie ganz einfach geschaffen, das ist alles. Aber die Menschen konnten sich aufgrund ihres Entwicklungsstandes vorerst nur in Sippen, Familien, Gemeinschaften und Länder aufteilen. Eines Tages jedoch werden alle diese Unterscheidungen verschwinden, die so viele Feindseligkeiten verursachen, und die Menschen werden sich als Weltbürger fühlen. Welcher Politiker könnte das Gegenteil behaupten? Er müsste zu mir kommen, dann würde ich ihm mathematisch, wissenschaftlich und historisch nachweisen, dass gewisse Ansichten überholt sind.

Noch vor einigen Jahrzehnten wäre ein Franzose, der gewagt hätte, eine Versöhnung mit den Deutschen vorzuschlagen, erschossen worden. Heute ist sie eine anerkannte Tatsache. Man erschießt weder Franzosen noch Deutsche; sie geben sich die Hand, besuchen einander, lieben einander und setzen sogar viele kleine deutsch-französische Kinder in die Welt! Warum sollte es dann nicht auch zu einer Versöhnung unter allen anderen Völkern kommen? Die Deutschen und die Franzosen sind zwar Freunde geworden, also gut, aber das hat nicht viel geändert: andere Feinde lauern auf einen günstigen Augenblick, um sie zu verschlingen, sie zu erobern. Folglich muss eine viel weiterreichende Einheit gebildet werden, um wirklich allen Gefahren zu entgehen. Sonst werden weder Waffen noch Diplomatie die armen Menschen retten. Aber bald werden sie angesichts der Gefahren, die die Welt bedrohen, gezwungen sein, einander die Hand zu reichen.

Natürlich wird Mars, der Aggressionstrieb, immer bestehen bleiben. Deshalb wird der Mensch immer den Drang zum Kämpfen und Siegen verspüren. Die Ziele und Mittel werden sich zwar ändern, aber das Bedürfnis, die Tendenz werden nicht verschwinden. Der Mensch hat das Recht, der ganzen Welt den Krieg zu erklären, denn dieses Bedürfnis hat die Natur selbst ihm gegeben. Ja, er hat dieses Recht, aber nur mit den Waffen der Liebe und des Lichts.[2] In Zukunft wird es so mörderische Kriege, wie in der heutigen Form, nicht mehr geben: Die Menschen werden begreifen, wie teuer diese in allen Bereichen zu stehen kommen. Sie werden aufhören, sich gegenseitig umzubringen. Da aber der Kampftrieb weiterbestehen wird – die kosmische Intelligenz will nicht, dass er erlischt –, werden die Menschen einander weiterhin bekämpfen, aber in einer anderen Form, und der Sieger wird, statt die anderen zu vernichten, ihnen Leben, Reichtum, Licht und Liebe schenken. Wird das herrlich sein! Es wird also immer Kämpfe geben, aber anderer Art, wie die Schlachten, die sich die Sterne und Sonnen im Weltall liefern, indem sie einander ständig Lichtpfeile zusenden.

Anmerkungen

1. Siehe auch Band 240 der Reihe Izvor »Söhne und Töchter Gottes«, Kapitel 13: »Ein Sohn Gottes ist allen Menschen ein Bruder«.
2. Siehe auch Band 15 der Reihe Gesamtwerke »Liebe und Sexualität«, Kapitel 27: »Die wahren Waffen: Liebe und Licht« und Kapitel 29: »Auf dem Weg zur großen Familie«.

Kapitel 3

ARISTOKRATIE UND DEMOKRATIE, KOPF UND MAGEN

Teil 1

Kein politisches System hat sich bis heute als wirklich fähig erwiesen, den Völkern Glück und Frieden zu bringen. Keine Regierungsform, ob Monarchie, Oligarchie, Republik usw. hat wirklich endgültige Lösungen gebracht. Warum? Ganz einfach, weil ein Regierungssystem noch nicht alles ist. Solange die Menschen, für die dieses System gedacht ist, sich ihrer Aufgabe nicht bewusst sind, und solange sie nicht begreifen, dass jeder Einzelne sich bemühen muss, mit den anderen zu harmonieren, wird jede Regierungsform wieder zur gleichen Unordnung und Unruhe beitragen, also schließlich zum gleichen Unglück.

Die Demokratie ist heutzutage fast auf der ganzen Welt verbreitet. Symbolisch gesehen verkörpert Demokratie Herrschaft des Magens. Ja, das Volk, Demos, das ist der Magen. Weiß das Volk genau, was gut und was schlecht ist?

Nein, es wird von allen möglichen Wünschen und Begierden angetrieben und fordert Befriedigung. Der Beweis: Es hat jetzt die Möglichkeit, Forderungen zu stellen, aber verlangt es etwa das Reich Gottes und Seine Gerechtigkeit? Verlangt es Licht und Liebe? Nein, der Magen, der Bauch will nur noch mehr essen, und nachher beschmutzt er alles und produziert Abfälle. Das Volk hat noch kein höheres Ideal. Es braucht ein Oberhaupt, und dieses Haupt fehlt. Natürlich muss das Haupt erleuchtet, aufgeklärt, lichtvoll und selbstlos sein, denn wenn die Person an der Spitze die gleichen Triebe hat wie das fordernde Volk, ist es zwecklos.

Jesus sagte: »Trachtet zuerst nach dem Reich Gottes und nach Seiner Gerechtigkeit« (Mt 6,33). Und da das Reich Gottes eine Monarchie ist, müssen alle Länder der Welt nach dem Vorbild des Universums – wo Gott der König ist – organisiert werden. Damit will ich nicht sagen, dass zum heutigen Zeitpunkt Monarchien besser als Republiken seien, nein, ich meine das Prinzip. Wenn der Magen blind ist, darf man ihm nicht die Herrschaft überlassen, und wenn der Kopf unwürdig ist, darf auch er nicht regieren. Versteht ihr mich also richtig, ich spreche hier vom Prinzip. Meinetwegen soll das Volk ruhig regieren, aber nur unter der Bedingung, dass es erleuchtet ist! Wenn dies nicht der Fall ist, darf es nicht regieren. Und wenn der Kopf ebenfalls finster, unwissend und grausam ist, darf auch er nicht regieren. Übrigens richtet in den meisten Fällen der Kopf den größten Schaden an, und nicht der Magen. Ich spreche natürlich aus symbolischer Sicht. In der Symbolik ist alles klar und mathematisch.

Ein echter Aristokrat zu sein, heißt nicht nur, einen Namen, Ahnen, einen Adelstitel und Ländereien zu besitzen, sondern auch selbst ein hohes moralisches Bewusstsein, Großzügigkeit und Charakterstärke zu beweisen. Die demokratische Regierungsform hat nur deshalb fast überall in der Welt die Oberhand gewonnen, weil die Aristokratie sich kompromittiert hat. Leider sind jedoch die Völker durch den Sturz der Könige, Kaiser und Zaren nicht automatisch glücklicher geworden. Denn viele, die die Macht ergriffen haben, sogar in den kommunistischen Ländern, begehen die gleichen Verbrechen wie die früheren Herren. Also wird es zu neuen Aufständen kommen; die Regierungen werden wieder gestürzt werden, weil sie ihrer Aufgabe nicht gewachsen sind: Sie haben vergessen, dass sie Monarchie und Adel entmachtet hatten, um das Ideal der Brüderlichkeit und Gerechtigkeit walten zu lassen. Mit der Zeit vergisst man dies, wird materieller und würdelos... Genau wie die Kirche, die die von Jesus gebrachten Prinzipien der Liebe vergessen hat und im Laufe der Jahrhunderte immer materieller wurde.

Man muss jetzt wieder zum Adel des Herzens, der Seele zurückfinden, von dem die Eingeweihten, großen Meister und alle erleuchteten Wesen Zeugnis ablegten. Von Gerechtigkeit und Glück für das Volk zu sprechen, genügt nicht. Jeder kann schön daherreden, aber wie viele Menschen sind imstande, das Gesagte auch zu leben? Solange die Länder Regierungen haben, die nicht vom Licht der Einweihungslehre erleuchtet sind, kann bei ihren Entscheidungen nichts Gutes herauskommen. Einige Veränderungen auf wirtschaftlicher, materieller, finanzieller oder politischer Ebene werden nie ausreichen, um die Probleme zu lösen. Es wird immer die gleiche Geschichte, der gleiche Schmutz bleiben. Seht, man hat noch nicht begriffen, was geändert werden muss.

Das römische Volk forderte Brot und Spiele, und dieses berühmte Detail der römischen Geschichte wird so zitiert, als hätte kein anderes Volk je die gleichen Ansprüche gestellt. In Wirklichkeit verlangen die Menschen immer das Gleiche, aber in anderer Form. Ihre Forderungen sind moderner geworden, das ist alles, aber sie sind die Gleichen geblieben: Essen und sich amüsieren, und dafür wird gestreikt und demonstriert. Statt Zirkusspiele gibt es heute Kino, Fernsehen, Varieté, Nachtklubs, Fußball, Catchen... An Veranstaltungen fehlt es nicht! Es ist stets dieselbe Wesensseite, die sich vergnügen muss, und für die man immer zahlreichere

Nahrung erfunden hat. Wie viele Menschen verlangen nach dem Reich Gottes und seiner Gerechtigkeit? Wie viele verlangen nach Licht, Reinheit, Wahrheit, Güte? Alles dreht sich um Geld, Nahrung und Vergnügen.

Unter allen menschlichen Forderungen ist die Freiheit vielleicht die einzige geistigen Ursprungs. Aber so, wie sie verstanden wird, läuft es immer wieder nur auf mehr Möglichkeiten hinaus, Zeit zu vergeuden, sich zu amüsieren, Dummheiten anzustellen und sich selbst und anderen mehr zu schaden. Wer denkt schon daran, frei zu sein, um seine Zeit edlerer Arbeit zu widmen?[1] In den meisten politischen und sozialen Kämpfen geht es um den Bauch, um Sex, Müßiggang und Vergnügen. Deshalb sinken die Menschen nur noch tiefer in Egoismus und Leidenschaft ab, wenn man ihnen das Verlangte gewährt.

Seht, wie viele Bücher, Filme, Zeitschriften und Theater die Menschen heute in Unordnung, Anarchie und Chaos ziehen... und mit Erfolg! Es ist erstaunlich zu sehen, wie sehr das menschliche Wesen nach dieser höllischen Nahrung verlangt. Deshalb haben nicht Schriftsteller und Künstler die ganze Schuld, wenn sie dem Publikum diese Nahrung anbieten: Sie wird so gierig verlangt, dass es kein Wunder ist, dass die anderen sie zu beschaffen versuchen. Es ist also nicht ganz deren Fehler, aber wenn sie sich ihrer Verantwortung bewusster wären, müssten sie spüren, dass sie sich nicht dazu herablassen dürften, die Begierden der niederen menschlichen Natur zu befriedigen. Dann würden sie auf dem Gipfel bleiben und die Menge zwingen, zu ihrer Einsicht und Schönheit heraufzusteigen. Künstler und Schriftsteller verkörpern das Gehirn und sollten die Rolle einer echten Aristokratie spielen. Aber leider wollen sie die Massen, den Demos, den Magen zufriedenstellen, und deshalb steht heute die niedere Natur im Vordergrund, regiert, brüstet sich und fordert.

In Zukunft muss von Neuem eine intellektuelle, moralische und geistige Aristokratie gebildet werden, damit die Menge sich weiterentwickeln kann; und die Tendenzen, die die Macht ergriffen haben – Demos, Magen, Bauch und Geschlecht –, müssen dem Kopf die Befehlsgewalt überlassen, denn es ist nicht Aufgabe des Kopfes, die Wünsche von Bauch und Geschlecht zu erfüllen.

Wenn ihr die Natur nach ihrer Sicht der Dinge fragt, wird sie euch antworten: »Wie würdet denn ihr ein Schiff ausstatten? Es kann nur vorankommen, wenn es Maschinen hat. Aber haben die Maschinen mit ihrem Treibstoff einen Verstand? Sie treiben das Schiff an, das ist alles, aber sie sind blind und können es auch auf einen Eisberg, einen Felsen oder andere Schiffe auflaufen lassen, und dann ist der Schiffbruch da. – Ja, aber es gibt einen

Kapitän, der aufpasst, intelligent ist und lenkt. – Nun, als ich den Menschen schuf, habe ich ihm ebenfalls Maschinen gegeben, die ihn antreiben und Feuer speien, aber ich habe ihm auch einen Kapitän mitgegeben. Wenn aber der Kapitän irgendwo eingeschlafen ist, wenn er sich betrunken und alles im Stich gelassen hat, dann treibt das Schiff orientierungslos dahin.«

Die Maschinen befinden sich tief unten im Schiff, und oben auf die Brücke – das heißt, in den Kopf – hat die Natur den Kapitän gestellt. Mit Augen, Ohren und Mund beobachtet, hört und befiehlt er. Warum ist der Kopf zum Beispiel nicht zwischen den Beinen oder unter den Füßen... Tatsächlich ist er bei vielen Menschen gerade dort – symbolisch gesprochen. Ja, wer nicht denken will, opfert alles den Maschinen und macht den Kopf lächerlich.

Also muss man verstehen: Die unter Deck befindlichen Maschinisten können die Dinge nicht so weit überblicken, um das Schiff zu steuern. Das ist die Aufgabe des Kapitäns. Sie können jedoch das Schiff voranbringen, und hier hängt alles von ihnen ab. Das Gleiche gilt für das Volk: Ohne seine Arbeit erleidet das ganze Land den Hungertod, auch die Aristokratie stirbt. Man darf das Volk also nicht unterschätzen, denn es stellt die Mittel, die Voraussetzungen, die Kraft dar, die für die ganze Gemeinschaft absolut notwendig sind. Das Volk ist zum Säen und Ernten da. Ohne das Volk gäbe es Hungersnot. Man darf ihm jedoch nicht die Funktionen des Kapitäns oder der Aristokratie geben, denn sein Blickpunkt ist begrenzt, es ist unfähig, sinnvolle Entscheidungen zu treffen und die Geschicke in die richtigen Wege zu leiten. Es tut mir leid, aber so ist es. Die Magenzellen haben nicht die Fähigkeit, die anderen Zellen zu belehren und zu führen. Wenn Magen und Geschlecht Forderungen erheben, muss das Gehirn nicht automatisch und ohne Überlegung auf ihre Wünsche eingehen. Wenn die Menschen von Weisheit geleitet und erleuchtet werden, sind die Kräfte des Volkes dazu da, die Pracht der Weisheit zu verwirklichen.

Durch die Erschaffung des Menschen hat die kosmische Intelligenz ihm bereits anhand seines eigenen Körperbaus gezeigt, wie das gesellschaftliche Leben gestaltet sein sollte. Die Menschen haben auch durch tastende Versuche einiges realisiert, was sich diesem Modell annähert. Aber sie sind noch sehr weit von der Vollkommenheit entfernt! Sicher gibt es immer Führer und Geführte, aber sie sind nicht immer an dem Platz, wo sie sein sollten.

Was fehlt, ist die richtige Achtung vor der Lebensordnung selbst und in der Gesellschaft. Ich kämpfe nicht gegen mein inneres Volk an, sondern nähre, pflege und reinige es. Ja, so ist es, bei mir wird das Volk sehr gut versorgt, aber es gibt eine Aristokratie, der es gehorchen muss. Ich erlaube ihm nicht, wie während der französischen Revolution zu singen: »Oh, ça ira, ça ira, les aristocrates on les pendra! Mein Volk stimmt keine solchen Lieder gegen die Aristokratie an. Im Gegenteil, es achtet sie und gehorcht ihr.

Ihr werdet sagen: »Das ist aber gefährlich, was Sie uns da erzählen! Wenn Sie jetzt für die Aristokratie eintreten und die Demokratie verurteilen, ist das sehr gefährlich!« Alles ist immer gefährlich! Beim Essen und Trinken könnt ihr ersticken und euch vergiften und sterben. Auf der Straße kann euch ein Auto überfahren oder es kann euch ein Ziegel auf das Haupt fallen, aber die Wahrheit muss gesagt werden. Und die Wahrheit ist, dass man lieber eine erleuchtete Aristokratie einführen sollte, als sich nach den Maßstäben und dem Geschmack einer unwissenden Menge zu richten. Aber versteht mich richtig: Ich meine hier nicht soziale Klassen, sondern die Prinzipien. Ich weiß sehr wohl, dass es im Volk echte Aristokraten, Menschen mit den höchsten Idealen und den edelsten Absichten gibt. Ich bin Menschen begegnet, die weder Titel noch Schlösser noch sonst etwas besaßen, die aber dank ihrer vernünftigen, edelmütigen und selbstlosen Lebensweise wundervolle Aristokraten waren. Jetzt versteht ihr mich doch, nicht wahr?

In Wirklichkeit bin ich weder für die Aristokratie noch für die Demokratie, sondern für eine Ordnung, eine Einheit und Harmonie, die im Universum existieren und sich auch in unserem Körper spiegeln. Ja, wenn die kosmische Intelligenz den Bauch nicht auf die Schultern und den Kopf nicht in die Füße gesetzt hat, gibt es einen Grund dafür. Der Kopf ist oben, und der Bauch ist unten. Wenn die Menschen nun den Bauch nach oben und den Kopf wer weiß wohin verlegen wollen, kann das nur zu einem wüsten Durcheinander führen. Man muss einsehen, dass es eine universelle Ordnung gibt, die nicht ganz der Ordnung entspricht, die die Menschen einführen möchten.

Die heutigen Verhältnisse werden noch jahrelang andauern: Es wird Republiken, Demokratien, Kriege, Verwüstungen und Revolutionen geben... Und wenn die Menschen müde und halb tot sich endlich eine neue Ordnung wünschen, werden die großen Meister das Schicksal der Menschheit in die Hand nehmen, und angesichts so viel Gerechtigkeit und Pracht werden alle sich unterwerfen und gehorchen. Das Volk liebt die Gerechtigkeit, es liebt die Ordnung, es kann ihnen nur deshalb nicht zum Durchbruch verhelfen, weil es keine erhabenen Wesen wählt, sondern immer nur seinesgleichen. Wenn ihr euer Oberhaupt unter den Ameisen sucht, wird es immer eine Ameise sein; es kann vielleicht gut diskutieren, kämpfen, beißen und seine Vorratskammer füllen, aber das ist alles. Man darf von ihm nicht erwarten, dass es das Wohl der Menschheit bringt.

Nur Wesen mit einer höheren Eingebung können der Welt zu Ordnung, Frieden und Harmonie verhelfen. Wenn eines Tages diese Aristokratie von Elitewesen beginnt, angehört zu werden, wird alles sich ändern, und gerade das Volk wird dann diese Regierung der Besten fordern; es wird einsehen, dass es allein, ohne das Licht der Einweihungslehre, seinem Untergang entgegengeht.

Aber vergesst nie, dass diese Rangordnung erst in eurem Inneren hergestellt werden muss. Bittet deshalb den Himmel um eine Aristokratie von lichtvollen Wesen zur Belehrung und Führung. Das wird die Demokratie nicht daran hindern, ihre Aufgaben zu erfüllen, im Gegenteil, sogar nachts, denn ihre Arbeit ist unentbehrlich. Wenn das Volk nicht arbeitet und nicht für Verdauung, Kreislauf und Ausscheidung sorgt, ist der gesamte Organismus verloren... auch die Aristokratie.[2]

Anmerkungen

1. Siehe auch Band 211 der Reihe Izvor »Die Freiheit, Sieg des Geistes«.
2. Siehe auch Band 31 der Reihe Gesamtwerke »Leben und Arbeit in einer Einweihungsschule«, Kapitel 9: »Hierarchie und Freiheit«.

Teil 2

Die Vorgänge im Inneren des Menschen entsprechen genau den Vorgängen in der Gesellschaft: die gleichen Aufstände, Unruhen und Veränderungen. Viele Könige, die ihrer Aufgabe nicht gewachsen waren, wurden von ihren Untertanen gestürzt! Sie kannten das unerbittliche Gesetz des Karma nicht und erlaubten sich Grausamkeit und Ungerechtigkeit. Währenddessen hatten aber andere heimlich ihren Sturz vorbereitet, und eines Tages wurden sie niedergeschlagen. Dafür gibt es zahlreiche Beispiele in der Geschichte. Wie viele entthronte Könige wurden bei Wasser und Brot in den Kerkern festgehalten! Unglücklich warteten sie auf ihre Befreiung, während andere die Macht an sich gerissen hatten und an ihrer Stelle herrschten. Dies weiß jeder, aber wer weiß schon, dass das gleiche Geschehen sich auch in unserem Inneren abspielt? Im Inneren gibt der »König« sich Trägheit und Unzucht hin, und schon überwältigen ihn feindliche Kräfte, werfen ihn ins Gefängnis und regieren an seiner Stelle...

Der Mensch muss also seinen Platz als Oberhaupt seines Reiches wieder einnehmen, sonst wird er von den in ihm wohnenden Ganoven und Räubern schnell ersetzt. Sobald der Mensch ungerecht und unehrlich ist und bestimmte Gesetze nicht beachtet, brechen in seinem Inneren Revolten aus, und er wird von

Ungeheuern gestürzt, die die Macht ergreifen und seinen Thron besteigen. Äußerlich verändert er sich vielleicht nicht, aber innerlich regiert nicht mehr dieselbe Person wie zuvor. Übrigens wird dies in bestimmten Fällen von Wahnsinn ganz offensichtlich. Wenn jemand behauptet, er sei Dschingis Khan oder Jesus oder Napoleon, dann heißt das, dass er entthront wurde. Ganz bestimmt sind weder Dschingis Khan noch Napoleon und schon gar nicht Jesus in ihm anwesend, aber wo er selbst ist, der Arme, das weiß man nicht! Die Persönlichkeitsspaltung ist heute ein bekanntes und akzeptiertes Phänomen, das nicht mehr angezweifelt wird. Aber man weiß nicht, dass die Zweiteilung oder besser die Spaltung der Persönlichkeit ein Phänomen ist, das in jedem Einzelnen auftritt. Denn im Menschen wohnen Millionen von Geistern und Wesenheiten, und je nach den von ihm zugelassenen Bedingungen können die einen oder anderen sich äußern.

Ich weiß, dass meine Worte manchem eigenartig vorkommen. Sie entsprechen dennoch der Wahrheit. Im Menschen wohnt ein ganzes Volk von Zellen, das direkt von ihm abhängig ist und von ihm beeinflusst wird. Und dieses Volk ahmt ihn nach. Wenn er sich Ausschweifungen erlaubt, wird dies vom Volk registriert, und es handelt genau wie er, aber die Rückschläge treffen später den Menschen selbst. Er spürt, dass etwas in ihm nicht mehr richtig funktioniert und klagt: »Was geht nur in mir vor? Das ist der reinste Aufstand!« In Wirklichkeit hat er selbst seine Zellen schlecht erzogen und die Gewalt über sie verloren. Solange der Mensch nicht weiß, dass seine Zellen kleine intelligente Seelen sind und ein ganzes Volk in seinem Inneren bilden, das er kennen und um das er sich kümmern muss, werden sie ihm nie gehorchen. Er kann noch so viel verlangen und fordern, da ist nichts zu machen.[1]

Ihr seht, auf diese Art und Weise habt ihr das Problem noch nie betrachtet, nicht wahr? Ihr lebt wie alle: unbewusst. Nein, von nun an müsst ihr daran denken, denn ihr habt eurem inneren Volk gegenüber Pflichten. Man hat es euch anvertraut, damit ihr mit ihrer Hilfe vieles verwirklichen könnt, aber ihr seid ihm immer nur ein schlechtes Beispiel. Wenn es darum geht, sich in der Gesellschaft zu zeigen, seid ihr tadellos: Gesten, Worte, Gesichtsausdruck und Kleidung sind einwandfrei. Aber wenn ihr alleine seid und keiner euch sieht, ist es anders: Ihr lasst euch gehen und denkt nicht an euer inneres Volk, das euch beobachtet. Dann sagt sich das Volk: »Also gut, wenn er uns ein solches Beispiel gibt, machen wir es genauso, und dann wird er schon sehen«, und es bringt euch zu Fall. Wenn ihr hingegen wisst, wie ihr mit dem Volk umgehen müsst, ist es fähig, Wunderbares für euch zu vollbringen.

Ja, wenn ihr nur wüsstet, wie unwahrscheinlich groß dieses Volk ist, wärt ihr sehr stolz darauf. Es handelt sich um Milliarden und Abermilliarden Wesen, die die Bevölkerungszahl der Erde übersteigen. Ich behaupte sogar, dass manche Eingeweihten diese inneren Wesen derart geschult, gestärkt und entwickelt haben, dass diese imstande sind, auch außerhalb von ihnen wirksam zu sein und Freunden, Schülern und sogar Fremden zu helfen, Trost zu bringen und sie zu heilen... Ja, diese Wesenheiten nehmen manchmal die Form der Eingeweihten an und erscheinen diesen Personen, die dann glauben, der Eingeweihte selbst sei ihnen zu Hilfe gekommen. Nein, ganz und gar nicht, der Eingeweihte erfährt vielleicht als Letzter davon, dass er für den einen oder anderen etwas getan habe.

Ja, durch eine sinnvolle und bewusste Arbeit kann der Mensch bestimmten Wesenheiten in sich so viel Kraft und Möglichkeiten geben, dass er mit ihrer Hilfe die Menschen auf der ganzen Welt aufklären und das Reich Gottes vorbereiten kann – obgleich er selbst nicht imstande ist, überall zugegen zu sein. Glaubt mir, das ist die reine Wahrheit, von der die offizielle Wissenschaft noch lange nichts ahnt, vom Akzeptieren ganz zu schweigen: Der Mensch hat tatsächlich unglaubliche, unbegrenzte und unbeschreibliche Fähigkeiten, aber diese hängen von seinem Entwicklungsstand ab. Wenn er beschlossen hat zu lernen, sich zu beherrschen und gewisse Schwächen zu überwinden, dann sind die Möglichkeiten vorhanden und erwarten ihn auf seinem Weg. Hiermit bestätige ich nur das, was die Eingeweihten und Meister seit Erschaffung der Welt gesagt haben. Ich erfinde nichts, ich übermittle nur das Geheimnis ihres Wissens und ihrer Macht und will euch nach und nach dieser Herrlichkeit näherbringen.

Was ist nun dabei, wenn ich euch sage, dass ihr euren Platz als König wieder einnehmen müsst? Ja, sich beherrschen, in den Griff bekommen und imstande sein, gewissen Schwächen zu widerstehen, um den inneren Raubtieren zu entkommen... Es gibt keine wichtigere Arbeit, als König seiner selbst zu werden, damit das ganze innere Volk euch allmählich liebt, achtet und euch gehorcht. Wenn es sieht, dass ihr ein guter König seid, versucht es, euch zufriedenzustellen, sobald ihr etwas verlangt. Und wenn einige aus der Reihe tanzen und wütend sind, beruhigen sie sich, sobald ihr befiehlt: »Nein, Schluss damit!« Sonst müsstet ihr tagelang hilflos warten, bis sie sich entschließen, wieder zur Ruhe zu kommen.

Ihr müsst zuerst die Aristokratie in euch selbst wieder herstellen, indem ihr alles Edle, Reine und Lichtvolle sorgfältig bewahrt. Glaubt nicht, dass die meisten Menschen daran denken, ihren inneren Adel zu schützen! Für eine Rolle in einem Film, ein Foto in einer Zeitschrift,

Kleider oder Schmuck opfert ein charmantes junges Mädchen seine Frische und Reinheit. Ein Gelehrter stellt seinen ganzen Verstand, seine außergewöhnlichen Fähigkeiten in den Dienst der Zerstörung, weil man ihm dafür enorm viel Geld anbietet. Achtet und schützt man so seine innere Aristokratie? Nein, man verkauft sie, bringt sie zu Fall und beschmutzt sie. Um nichts in der Welt, für kein Geld, keinen Ruhm würde ein Eingeweihter seine Aristokratie aufs Spiel setzen: Er weiß, dass dank ihr, dank der ihm innewohnenden Wesen des Lichts und der Weisheit ihm eines Tages Himmel und Erde gehören werden. Dagegen sind alle anderen Angebote wertlos.

Mit Aristokratie meine ich den wahren inneren Adel. Wenn dieser an der Spitze bleibt, lebt das ganze Volk der Zellen in Harmonie.[2] Sonst wird die Aristokratie gestürzt, weil die Triebe, Begierden, Laster und Schwächen die Macht ergriffen haben. Dann werden die Aristokraten gehängt, wie es im Lied so schön heißt!... So geht es immer, wenn der innere Adel der Aufgabe nicht gewachsen ist; die Adeligen hängen am Galgen, und der Pöbel regiert.

Oft passiert dies auch euch. Eure Umgebung merkt natürlich nichts davon, aber ein Eingeweihter erkennt die Situation sofort und sagt: »Mein armer Junge, warum hast du dich so weit gehen lassen, dass du jetzt ein Sklave bist? Und du weißt noch nicht einmal, wie es dazu gekommen ist!... Nun, entweder hattest du nicht genügend Licht oder nicht genügend Liebe im Herzen oder nicht genug Willen, um an dir selbst zu arbeiten und dich zu beherrschen.« Es sind nur drei Erklärungen möglich, nicht vier, fünf oder zehn, wie die Menschen glauben, die die Ursachen ihrer Schwierigkeiten immer da suchen, wo sie nicht zu finden sind, das heißt außerhalb ihrer selbst, bei den Eltern, der Gesellschaft, der Erziehung, im Geldmangel, beim Nachbarn oder bei der Konkurrenz. Ja, immer äußerliche Gründe... Nein, der wahre Grund liegt ganz einfach darin, dass man nicht genug Verstand, Liebe oder Willenskraft hat. So sieht ein Eingeweihter den Sachverhalt. Er weiß, dass der Mensch die Ursache seiner Probleme nicht außerhalb von sich selbst, sondern in seinem Innenleben suchen muss, wo er die Unordnung zugelassen hat. Deshalb muss er zuallererst neue Maßstäbe erwerben, damit er wenigstens den Ursprung seiner Probleme deutlich erkennt. Nur unter dieser Bedingung kann er sie lösen.

Anmerkungen

1. Siehe auch Band 221 der Reihe Izvor »Alchimistische Arbeit und Vollkommenheit«, Kapitel 4: »Das Erbe aus dem Tierreich«.
2. Siehe Band 235 der Reihe Izvor »Im Geist und in der Wahrheit«, Kapitel 3 »Die Verbindung mit dem Zentrum« und Kapitel 4: »Die Eroberung des Gipfels«.

Kapitel 4

VOM GELD

Teil 1

Das Geld ist nicht die Ursache aller Verbrechen, wie man im Allgemeinen annimmt. Geld ist nur ein Mittel, ein Instrument. Der Mensch will mit ihm Begierden befriedigen, und da er dies oft auf Kosten anderer tut, kommt es zu Intrigen, Kämpfen und Verbrechen. Man kann das Geld ruhig durch ein anderes Tauschmittel ersetzen, aber solange der Mensch die gleichen Schwächen und niederen Begierden, Leidenschaften hat, steht man vor den gleichen Problemen.

Die Schuld fällt also nicht auf das Geld, sondern auf den unaufgeklärten Menschen, der nicht weiß, wie er es einzuschätzen und aus welchem Grund und zu welchem Zweck er es zu verwenden hat. Das Geld an sich ist neutral, es ist weder gut noch schlecht. Es hat seine ganze Macht nur durch die Menschen bekommen. Wenn diese sich eines Tages entschließen würden, das Geld zu entwerten und etwas anderem einen Wert zu geben, finge die gleiche Geschichte von vorn an mit den gleichen Tragödien, Verführungen, Aufstiegen und Stürzen! Solange die Menschen dem Geld einen Wert geben und dieser Wert ihnen zahlreiche Befriedigungen verschaffen kann, konzentrieren sich alle darauf, um damit alle Bedürfnisse oder Wünsche abzudecken. Das ist ganz normal und natürlich. Aber man kann auch andere Tauschmittel finden. Vielleicht wird es in der Zukunft kein Geld mehr geben: Dann wird die Liebe das Zahlungsmittel sein... ja, denn die Liebe ist wertvoller als Gold.

Die Menschheit ist aber für solche Ansichten noch nicht reif genug, und da das Geld noch eine gute Weile Bestand haben wird, muss man lernen, es richtig einzuschätzen, damit man seinen Versuchungen nicht erliegt. Man muss wissen, wie man die Dinge einschätzen soll, das ist alles. Es ist nicht schlecht, Geld zu haben. Wie könnt ihr anderen helfen, wenn ihr kein Geld hättet? Ihr habt die Liebe im Herzen, das ist gut, aber mit dieser Liebe könnt ihr euren Freunden auf materieller Ebene nicht helfen.

Ich rede, als müsste ich euch überzeugen! Dabei weiß ich genau, dass ich mir diesbezüglich keine Sorgen zu machen brauche. Das ist euch ganz bewusst. Ihr seid euch alle darüber einig, dass man Geld haben muss. Ja, aber die Frage ist, wie man mit dem Geld umgehen soll.

Wie oft habe ich euch schon gesagt: »Nehmt das Geld und tut es in euren Geldschrank oder eure Tasche, aber nie in euren Kopf!« Wenn ihr es als ein um jeden Preis zu erreichendes Ideal vor Augen habt oder wenn es als Meister in eurem Kopf herrscht, wird es euch schlecht beraten, und ihr seid verloren.

Gebt jemandem Geld, der seine Gedanken, Gefühle und Wünsche nicht unter Kontrolle hat, und sogleich wird er es ausnützen und missbrauchen, bis er völlig zugrunde gegangen ist. Das Geld hat keine Schuld, es ermöglicht euch nur, eure Wünsche zu befriedigen. Wenn ihr schlechte Wünsche in eurem Herzen hegt, ist es dafür nicht verantwortlich. Nehmt zum Beispiel Öl, Kohle oder Gas... das ist genau das Gleiche: Man kann diese Stoffe konstruktiv oder destruktiv verwenden. Wenn man sie für Schlechtes gebraucht, können diese nichts dafür, sondern nur ihr, weil ihr nichts Gutes in eurem Herzen hegt. Daraus sollte man schließen, dass man sich erst einmal selbst wandeln muss, damit man so weit kommt, dass man sowohl das Geld als auch seinen ganzen Besitz einzig und allein für seine geistige Weiterentwicklung und das Wohl der Menschheit benützt. Sobald einem dies gelungen ist, werden einen sogar Milliarden nicht mehr zu Fall bringen. Ihr werdet nur noch erhabene Werke vollbringen, von denen eure Seele schon lange träumt.

Lasst das Geld also ruhig seine Rolle spielen und kümmert euch nur um euren Fortschritt. Wie oft habe ich Leute klagen hören: »Ach, das Geld ist an allem Unglück schuld!« Das sagen sie aber nur, solange sie selbst keines besitzen! Denn sowie sie Geld haben, ist es anders. Sie sind also erstens dumm, weil sie die Ursache des Unglücks nicht erkennen, und zweitens sind sie unehrlich. Zwei schwere Fehler! Man sollte lieber sagen: »Ja, das Geld ist sehr notwendig und wunderbar, solange ich nicht sein Sklave bin!« Denn wenn ihr euch zu sehr an das Geld hängt, opfert ihr ihm das Wertvollste. Selbst wenn ihr dann Geld habt, spürt ihr nichts mehr von der Freude und dem Vergnügen, die euch der Reichtum verschaffen könnte, weil ihr die besten Eigenschaften verloren habet. Hier liegt die Gefahr: Man hat zwar alles bekommen, was man wollte, aber man ist unglücklich, weil man etwas in sich vernichtet hat, dieses geheimnisvolle Element, das allem, was man kostet, eine subtile Würze gibt.[1]

Sicher ist es schlimm, weder Geld noch sonst was zu besitzen. Aber wenn ihr die Wahl zwischen den beiden Möglichkeiten habt, entweder alles zu besitzen mit dem gleichzeitigen Verlust der Fähigkeit, alles zu würdigen oder dann nichts zu haben und alles schätzen zu können, ist das Letztere vorzuziehen. Denn wenn man alles zu schätzen weiß, kann man sich über die kleinste Kleinigkeit freuen, die einem zufällt. Wenn man die Wahl hat, sollte man lieber diese Fähigkeit wählen, denn sie ist das Wichtigste.

Aber diese Fähigkeit, sich über alles zu freuen, kann nur das Licht verleihen. Sobald ihr es gefunden habt, wird alles, was ihr tut, ob ihr esst, arbeitet oder spazieren geht, zu einer Köstlichkeit.

Das Wesentliche ist also, mit dem Licht arbeiten zu lernen und zu begreifen, was das Licht ist, sonst werdet ihr im Leben nichts verstehen können. Alles ist im Licht enthalten, und das Licht zu ergründen ist das Wichtigste: Was es ist, was es bewirkt und wie auch wir mit ihm arbeiten müssen.

Das Einweihungswissen enthüllt uns Folgendes: Gold ist nichts anderes als im Erdinneren seit Millionen Jahren kondensiertes Sonnenlicht. Die Goldsucher tragen die unbestimmte Ahnung in sich, dass es Sonnenlicht ist, und dass dieses Licht Leben und Liebe enthält... Goldsuchen ist also gerechtfertigt. Wer das Gold jedoch im Licht sucht, hat noch mehr Berechtigung, ja, denn er findet auf direktem Weg, was andere oft unter Gefahr und auf Umwegen suchen.[2]

Unwillkürlich suchen die Menschen nach Gold, denn sie spüren, dass es ein himmlisches Element, eine verborgene Quintessenz enthält. Ein Eingeweihter sucht kein Gold, er sucht das Licht, denn er weiß, dass es sich in seinem

Innern zu Gold kondensiert und er selbst zu Gold wird, sobald er es besitzt. Das ist weitaus besser, als Gold in seinen Taschen oder Schränken zu haben. Ihr werdet sagen, ihr hättet noch nie einen Eingeweihten aus Gold gesehen... Sein Gold ist im Innern, es ist sein Licht, auch wenn ihr es nicht sehen könnt. »Und was kann er mit diesem Gold anfangen?« Mein Gott, seid ihr unwissend! Oben gibt es »Läden«, in denen er mit diesem Gold Weisheit, Freude und Frieden einkauft, und er fühlt sich so reich, dass er nur noch daran denkt, wie er seinen Reichtum den anderen weitergeben kann. Wohingegen die Reichen trotz ihrer Goldbarren verfaulen und modern, unglücklich, einsam und niedergeschlagen sind. Das kommt daher, dass dieses Gold nicht ausreicht, sie glücklich zu machen.

Versteht ihr mich jetzt?... Es gibt Tatsachen, die man nicht kennt, die man aber kennenlernen muss; und man muss sie nicht nur kennen, sondern sie auch leben, und zwar so, dass man damit zu wahren Schätzen kommt. Das ist eine ganze Disziplin. Ihr werdet sagen, das sei nur Zeitvertreib. Ja, aber ein Zeitvertreib, aus dem etwas entsteht.

Wollt ihr wissen, was ein Eingeweihter mit seinem Gold macht? Hier ein Beispiel: Wenn jemand krank ist, beweist dies, dass er Fehler gemacht hat, für die er bezahlen muss. Wenn ich nun den himmlischen Wesen sage: »Ich liebe diese Person, weil sie Gutes für die

Bruderschaft getan hat; wie viel schuldet sie?« Und dann bezahle ich, und jene Person ist sofort geheilt. Ja, das sind Tatsachen. Mit diesem Gold kann man für einen anderen bezahlen, und er wird geheilt.

Nun, meine lieben Brüder und Schwestern, es ist gut, den Reichtum zu suchen, aber nur unter der Bedingung, dass man ihn da sucht, wo er sich tatsächlich befindet, in seiner Quintessenz, und nicht in seiner kristallisierten, schweren und fast wirkungslosen Form. Denn in dieser Form kann er euch nicht das Wesentliche geben. Wenn ihr eure Geldschränke durch die Wüste schleppen müsset, werdet ihr bald flehen: »Oh, mein Gott, wenn mir nur jemand ein Glas Wasser bringen könnte, würde ich ihm alle Geldschränke geben!« Da aber niemand kommt, werdet ihr mit eurem Gold verdursten. Wenn ihr aber das andere Gold besitzt, könnt ihr trinken, euren Durst löschen und müsst nicht sterben.

Ihr habt Geld, und dieses Geld öffnet euch alle Türen. Ja, so ist es im materiellen Bereich, aber die anderen Türen, die Türen zum Frieden, zum Glück, zur Freude, zur Eingebung und zu allen guten Eigenschaften und Tugenden bleiben euch verschlossen. Was nützen alle anderen offenen Türen, wenn euch die Türen zum Allerheiligsten verschlossen bleiben? Ihr esst, geht spazieren und arbeitet lustlos. Nichts macht euch Freude. Das ist ein Zeichen dafür, dass die geistigen Tore verschlossen sind. Nun, das bedeutet, dass ihr das Leben und seine Werte falsch verstanden habt.

Anmerkungen

1. Siehe auch Band 241 der Reihe Izvor »Der Stein der Weisen – Von den Evangelien zur Alchimie«, Kapitel 3: »Ihr seid das Salz der Erde«, Kapitel 4: »Wenn das Salz seinen Geschmack verliert...« und Kapitel 5: »Den Geschmack des Salzes kosten: die göttliche Liebe«.
2. Siehe auch Band 241 der Reihe Izvor »Der Stein der Weisen – Von den Evangelien zur Alchimie«, Kapitel 14: »Das Gold des wahren Wissens: Alchimist und Goldsucher«.

Teil 2

Man soll die Menschen nicht daran hindern, den Reichtum zu suchen. Aber jene, die nach Reichtum streben, müssen wissen, was sie zu tun haben, damit sie von der Last der Sorgen, der Ängste und des Argwohns nicht erdrückt werden. Denn das erwartet sie, wenn ihnen das Licht fehlt. Gut, sie sollen ruhig reich sein, aber ohne den negativen Begleiterscheinungen des Reichtums zu unterliegen, die getreu auf jeden warten, der diesen Weg einschlägt. Sie sollen ruhig reich sein, aber ohne die anderen zu benachteiligen. Vor allem müssen sie lernen, ihre Schätze in Umlauf zu bringen und sich daran zu freuen, andere an ihrem Reichtum teilhaben zu lassen. Denn Geben ist eine Möglichkeit, voranzukommen. Aber man hat selten die Gewohnheit zu geben. Viele haben unermesslich große Vermögen, die sie für sich allein behalten. Obendrein sind sie noch unglücklich! Man darf die Menschen nie daran hindern, reich zu werden, aber man sollte sie lehren, ihren Reichtum mit anderen zu teilen.

Der Drang, alles an sich zu reißen, hat unter den Menschen immer Spaltung und Blutbäder verursacht. Überall, selbst in den einträchtigsten Familien, gibt es Tragödien wegen Erbschaftsfragen! Überall herrscht Raffgier, und gerade deshalb kann die Welt nicht aus ihrem Unglück herauskommen. Alle Kriege haben ihren Ursprung in dem Verlangen, mehr zu besitzen, als man schon hat. Das Motiv ist immer, dem Nachbarn etwas wegzunehmen, sei es Geld oder Land... als gäbe es im Leben nur Geld und Land, um sich reich und glücklich zu fühlen.

In Wirklichkeit hat Gott allen alles gegeben: Nahrung, Wasser, Luft, Wärme, Licht und in der feinstofflichen Welt das Prana, sowie alle möglichen segensreichen Elemente. Warum fühlt der Mensch sich immer noch arm und elend? Weil er diese Elemente nicht an sich ziehen und aufnehmen kann. Nur die Eingeweihten finden überall im Universum Reichtum. Alle anderen glauben, das Leben sei armselig, und der Herr habe ihnen nichts gegeben. Doch, alles ist reichlich vorhanden, alles steht allen Geschöpfen zur Verfügung, aber leider sind die Menschen schwach, träge, blind und dumm, und deshalb leben sie immer noch in Armut.

Gott hat alles in der Atmosphäre, in der Sonne, in den Sternen, den Bergen und Meeren verteilt. Er hat nichts für sich behalten. Alles steht euch zur Verfügung, es gibt kein Verbot. Das Verbot liegt in euch selbst, weil ihr weder stark, noch rein, noch klug seid. Aber in Wirklichkeit ist alles Notwendige vorhanden. Seht, das Licht, die Wärme, das All, die Sterne, alles ist für euch da, nur wisst ihr nicht mit ihnen umzugehen.

Gott ist gerecht und groß. Er hat nie gesagt, dass Sein Reichtum nur für die einen und nicht für die anderen bestimmt sei. Aber wenn ihr nichts dazu beigetragen habt, um jetzt davon Gebrauch machen zu können, kann man ihn dafür nicht verantwortlich machen. Deshalb müsst ihr lernen und euch üben, damit ihr in der nächsten Inkarnation nicht mehr ebenso arm und elend seid und den Herrn beschuldigt.

Ich bin immer wieder erstaunt, wie sehr die Menschen sich selbst begrenzen. Seht allein ihre Ernährungsweise: Sie begnügen sich mit Essen, Trinken und Atmen, das heißt, sie ernähren sich mit dem festen, flüssigen und gasförmigen Element und lassen das feurige Element – das Feuer, das Licht – beiseite. Aus diesem Grund gefährden sie sich, denn sie ernähren sich nicht richtig. Eine ausgeglichene Ernährung enthält alle vier Elemente, und gerade das vierte Element, das Feuer, ist das wesentlichste. Deshalb ist es so wichtig, morgens zum Sonnenaufgang zu gehen, um das Feuer, das Licht, das täglich in verschwenderischer Fülle verbreitet wird, in sich aufzunehmen.

Nehmt einmal die Sonne. Gibt es auf Erden ein Wesen, dessen Licht, Liebe und Großzügigkeit mit der Sonne vergleichbar sind? Nein. Also nehmt die Sonne als Vorbild, dann wird euer Verstand allmählich ihr Licht, euer Herz ihre Liebe und euer Geist ihre Macht ausstrahlen. Und vor allem werdet ihr, genau wie die Sonne, geben, geben und nochmals geben...[1]

Die meisten Menschen haben sich das Nehmen zur Lebensregel gemacht. Sie sind in diesem Sinne erzogen worden, und die ganze zeitgenössische Kultur steht unter dem Motto »nehmen«. Man versteht nur dieses Wort... Wie jener Bauer, der in einen Brunnen gefallen war. Ein vorübergehender Mann hört seine Hilferufe. Er nähert sich, sieht ihn und sagt: »Gib mir deine Hand!« Als der Bauer das Wort »geben« hört, zieht er schnell den schon ausgestreckten Arm zurück: Lieber will er im Brunnen bleiben. Als der andere versteht, dass er es mit einem eingefleischten Geizkragen zu tun hat, der vom Geben nichts wissen will, sagt er zu ihm: »Nimm meine Hand!« Kaum hat der Bauer »nehmen« gehört, ergreift er sofort die Hand und wird gerettet. Das Wort »nehmen« gefiel ihm, »geben« aber nicht! Wenn er nur der Einzige wäre! Überall, wo sie hingehen, versuchen die Menschen, etwas zu nehmen. Sie lernen, sie treffen sich, sie arbeiten und sie heiraten, um zu nehmen; ihr ganzes Wesen ist auf dieses Ziel ausgerichtet. Darum strahlt der Mensch nirgends Licht, Wärme oder Leben aus, weil er nur ans Nehmen denkt.

Selbst in der Liebe, wenn Mann und Frau einander suchen, ist jeder nur aufs Nehmen bedacht: Der Mann will alles Leben aus der

Frau aussaugen und umgekehrt. In manchen Fällen wäre eine Trennung vorzuziehen, denn sie verstoßen gegen das Gesetz der Liebe. Ihr werdet sagen: »Aber sie liebten sich doch, sie waren zusammen, sie haben sich vereinigt.« Nein, das war nur zum Nehmen. Jeder wollte nur vom Partner bestimmte Dinge bekommen, ihn unerbittlich und gewissenlos ausnehmen. Anstatt etwas Gutes in die Seele, in das Herz des anderen zu legen, einen Antrieb, neues Leben oder eine Eingebung, damit dieses Wesen erwacht und vorankommt, nützt man es jeden Tag aus, nimmt, isst und trinkt auf seine Kosten. Gerade wegen dieser Mentalität verkommt die ganze Welt.[2]

Es gibt keine Schule, in der man die Menschen das »Geben« lehrt, außer in der Schule der Sonne. Alle Planeten nehmen. Nur die Sonne gibt, darum muss man zu ihr in die Schule gehen. Sie ist die Einzige, die wirklich zu geben versteht, wie sollte man sie da nicht lieben? Alle Geschöpfe, die etwas Gutes geben können, liebt man und fühlt sich von ihnen angezogen. Die anderen, die nehmen, beginnt man dagegen nach kurzer Zeit zu meiden und versucht, ihnen zu entkommen. Warum bilden sich einige ein, die anderen ewig ausbeuten zu können? Diese werden es schnell bemerken und sie verlassen. Also denkt nach, dann werdet ihr einsehen, wie viel vorteilhafter es ist, in sich die Neigung zum Geben zu entwickeln.

Anmerkungen

1. Siehe auch Band 235 der Reihe Izvor »Im Geist und in der Wahrheit – Wie finde ich zu Gott«, Kapitel 16: »Die Wahrheit der Sonne: Das Geben«.
2. Siehe Auch Band 205 der Reihe Izvor »Die Sexualkraft oder der geflügelte Drache«, Kapitel 6: »Lieben ohne Gegenliebe zu erwarten« und Kapitel 8: »Die geistige Liebe, eine Nahrung auf höherer Ebene«.

Kapitel 5

ÜBER DIE VERTEILUNG DES REICHTUMS

Man hat mich oft zum Problem der Verteilung des Reichtums befragt. Diese Frage beschäftigt viele Menschen, denn in seiner ungleichmäßigen Verteilung sehen sie die größte Ungerechtigkeit.

Eigentlich hat sich dieses Problem schon immer gestellt, soweit man die Geschichte der Menschheit zurückverfolgt. Der Geschicktere oder Stärkere konnte zum Beispiel besser jagen, brachte folglich mehr Wild nach Hause und kam so zu mehr Reichtum als andere. Diese ungleiche Verteilung der Güter, die man als ungerecht empfindet, war ursprünglich vollkommen gerecht. Im Übrigen liebt die Natur keine Gleichheit, Gleichmachung, Einförmigkeit.

Seit der Revolution von 1789 hat Frankreich den Leitspruch: »Freiheit, Gleichheit, Brüderlichkeit.« Aber in Wirklichkeit gibt es im Universum keine Gleichheit, sondern überall herrscht nur Ungleichheit. Es gibt keine Gleichheit auf der Erde, auf keiner Ebene. »Aber wir haben die Gleichheit zum Gesetz gemacht!« Ja, aber das Gesetz ist nur etwas Theoretisches, etwas Abstraktes, ein an die Wand angeschlagener Text, aber keine Wirklichkeit. In der Wirklichkeit gibt es nirgends Gleichheit: Die Natur hat die Verschiedenheit gewollt, und diese verursacht Ungleichheit.

Weil die Fähigkeiten von Mensch zu Mensch so verschieden sind, nehmen die einen mehr als die anderen. Ist das normal? Ja, völlig normal. Soll man deshalb wütend sein? Nein, auf keinen Fall. Aber die Menschen denken nicht so weit; sie schreien und lehnen sich auf, weil sie sich von anderen mitreißen lassen. Es kommt aber darauf an, die Dinge zu verstehen, sich mit ihnen zu beschäftigen und sich darüber im Klaren zu sein. Wenn es danach immer noch Gründe für Geschrei und Raufereien gibt, also gut, meinetwegen, aber zuerst muss alles klar sein.

Was die Menschen auch besitzen mögen: Es ist normal und gerecht. Die Reichen verdienen ihren Reichtum und die Armen ihre Armut. Wenn dies für die meisten nicht klar ist, dann weil sie den Glauben an die Reinkarnation ablehnen, die jeden Zustand und jede Situation erklärt und rechtfertigt. Warum sind manche Menschen so reich in diesem Leben? Weil sie in früheren Leben auf die eine oder andere Weise für ihren jetzigen Reichtum gearbeitet haben.[1] In der Einweihungslehre heißt es, dass alle Bitten eines Tages erfüllt werden. Ob gut oder schlecht, sie werden euch erfüllt. Der Herr gibt jedem, worum er Ihn bittet. Wenn er sich in der Folge jedoch den Hals bricht, ist Er dafür nicht verantwortlich. Wenn sie um eine Bürde bitten und nachher unter ihrer Last zusammenbrechen, ist es dann die Schuld des Herrn? Sie hätten selbst die weitreichenden Konsequenzen ihrer Bitte kennen müssen. Sie denken nie genug darüber nach, wie die Dinge herauskommen könnten: Wird die Erfüllung ihrer Wünsche sie nicht unglücklich, krank oder arm machen? Oft wäre es besser gewesen, wenn diese Wünsche nicht erfüllt worden wären. Deshalb muss der Schüler zuerst einmal lernen, um welche Dinge er bitten und um welche er nicht bitten soll.

Aber dass die Reichen reich geworden sind, weil sie bestimmte Eigenschaften entwickelt und für ihren Reichtum gearbeitet haben, das ist sicher. Das Gesetz stimmt immer. Ihr werdet sagen: »Ja, aber sie haben List, Gewalt, Unehrlichkeit und Lügen angewandt.« Das mag sein, aber auch wenn sie ihren Reichtum durch solche Mittel erlangten, war es vorbestimmt, dass sie reich würden, weil sie es sich gewünscht hatten. Natürlich ist es dann nicht vorbestimmt, ob sie lange reich bleiben und ob sie damit zufrieden leben, in Frieden und Freuden.

Aber sie haben, worum sie gebeten hatten. Wenn es ihnen mit widerrechtlichen Mitteln gelang, macht das nichts. Sie haben ihr

Ziel erreicht. Was sie aber nicht kennen, sind die Folgen. Viele Bettler und Landstreicher sind Menschen, die sich in früheren Leben auf Kosten anderer bereichert haben oder ihren Reichtum dazu verwendeten, Böses zu tun. Dies trifft natürlich nicht immer zu, ebensowenig wie alle Reichen durch List und Unredlichkeit zu Wohlstand gekommen sind. Manche sind durch harte Arbeit, Erbschaft, Zufall oder eine Entdeckung reich geworden. Ich kann nicht jeden Einzelfall behandeln, ich spreche hier im Allgemeinen.

In der Natur herrscht also Ungleichheit: Armut bei den einen, Reichtum bei den anderen. Warum bilden sich die Menschen ein, alle müssten gleich sein? Das würde Stillstand bedeuten. Es gäbe keine Bewegung, keine Evolution mehr, weil der Wettkampf fehlen würde. Man kann den Wettkampf nicht verhindern, egal ob er Reichtum, Macht oder Wissen betrifft.

In dieser Frage betreffend den ungleich verteilten Reichtum muss wirklich etwas richtiggestellt werden. Die Menschen quälen sich, raufen sich die Haare und töten einander, um diese Situation zu ändern. Aber es wird ihnen nie gelingen, denn die Natur selbst unterstützt die Ungleichheit! Warum sollte man dann die Faulen, Unfähigen und Dummen be-mitleiden? Wenn man ihnen aus Freigebigkeit eine Kleinigkeit schenkt, ist das etwas anderes. Aber wenn man einem Dummkopf, einem Faulpelz genau so viel gibt wie jemandem, der viel Talent und Kenntnisse besitzt, ist gerade das ungerecht!

Manche sogenannten Philosophen möchten gerne den Wunsch des Menschen, immer mehr zu besitzen, ausmerzen. Auch das ist unmöglich; es wird ihnen nie gelingen, denn die Natur hat dieses Verlangen in den Menschen eingepflanzt. Und wenn die Wünsche des Menschen sich nicht auf den physischen Bereich beziehen, richten sie sich eben auf den gefühlsmäßigen oder intellektuellen Bereich. Egal auf welchem Gebiet, der Mensch hat den Trieb, sich auf die eine oder andere Weise zu bereichern. Immer mehr besitzen zu wollen, ist also ganz normal. Und wann ist es nicht mehr normal? Der Organismus sagt es uns so deutlich, dass kein Philosoph widersprechen kann. Wenn ich meine persönliche Meinung darüber äußern würde, könnte jeder sagen: »Nein, meiner Ansicht nach ist das anders... Ich finde...«, und das würde kein Ende nehmen. Ich gebe also nicht meine eigene Auffassung wieder, sondern die der universellen Natur. An ihren Werken versuche ich immer zu erkennen, wie sie das Problem gelöst hat. Und da es sich nicht um meine Meinung handelt, muss jedermann sie akzeptieren.

Also gut: Darf man Schätze ansammeln? Ja, natürlich. Was tut der Magen, wenn er Nahrung bekommt? Er fällt über sie her, wandelt sie um und nimmt, was er braucht, aber den Rest gibt er weiter; er behält ihn nicht für sich. Er verwendet das Erhaltene nicht nur für sich selbst, sondern bearbeitet es und verteilt es dann an den ganzen Körper. Wenn er sich nach einiger Zeit wieder leer fühlt, nimmt er neue Nahrung auf, und alles beginnt von vorne. Dank dieser uneigennützigen Verteilung, dieser Selbstlosigkeit ist der Mensch gesund, kann sprechen, gehen, arbeiten, singen...[2]

Nehmen wir einmal an, der Magen würde sagen: »Von nun an behalte ich alles für mich! Was sind das schon für Idioten, dass ich ihnen immer wieder etwas gebe? Vielleicht gibt es eine Hungersnot. Man weiß nie, was die Zukunft bringt. Ich habe eine ganze Kinderschar zu ernähren, ich muss Vorräte anlegen.« Er sammelt und sammelt, und schon ist die Krankheit da. Warum? Weil dann das Gesetz der Selbstlosigkeit, der Brüderlichkeit nicht beachtet wurde. Die Ärzte würden sie als Verstopfung, Tumor, Krebs oder sonstwie bezeichnen. Und wenn die Lunge, der Kopf oder das Herz alles für sich behalten würden, wäre es genau das Gleiche.

Alle Menschen sind Zellen ein und desselben Körpers. In unserem Organismus gibt es sogar viel mehr Zellen als Menschen auf der Erde – das Gehirn allein hat schon mehrere Milliarden. Wenn alle Zellen des Körpers imstande sind, in gegenseitigem Beistand und gegenseitiger Brüderlichkeit miteinander zu leben, wieso gelingt es dann den Menschen nicht? Sind sie vielleicht zu dumm dazu? Wenn sie die universelle Brüderlichkeit verwirklichen könnten, würde ein derartiger Wohlstand herrschen, dass die Länder und einzelnen Menschen nicht mehr den Drang verspürten, Reichtümer anzuhäufen und zu beschützen, weil es dann immer reichlich von allem für jeden gäbe.

Warum denken die Menschen immer nur an das Anhäufen? Weil sie sich ständig in unlösbare Situationen verwickeln, die sie in Katastrophen führen. Natürlich müssen sie dann alle möglichen Vorräte anhäufen für solche schlechten Tage. Wenn aber alle vernünftig wären, hätte niemand das Bedürfnis zu hamstern, jeder könnte haben, so viel er will... Sogar die Verkehrsmittel wären gratis. Man würde weiterhin arbeiten, um nicht einzurosten, aber man würde unentgeltlich arbeiten...Ja, unentgeltlich, denn es ist dermaßen angenehm, von Menschen umgeben zu sein, die einen mit Dank, Lächeln und Liebe für die Arbeit entlohnen. Im Vergleich dazu verblasst das Geld!

Die Menschen müssen also aufgeklärt werden, damit sie das Bedürfnis verlieren, mehr Geld und Reichtum anzusammeln, als sie brauchen. Wenn die gesamte Menschheit eine große Familie bilden wird und die Grenzen fallen werden, dann wird auch der Drang zum Anhäufen verschwinden und mit ihm die Ungerechtigkeit.

Das ist also die Lösung: dass jeder die Vorteile einer weltweiten Brüderlichkeit begreift und für sie arbeitet, genau wie die Zellen in einem gesunden Körper.

Anmerkungen

1. Siehe auch Band 202 der Reihe Izvor »Der Mensch erobert sein Schicksal«, Kapitel 8: »Die Reinkarnation«.
2. Siehe auch Band 204 der Reihe Izvor »Yoga der Ernährung«, Kapitel 6: »Die Ernährung«.

Kapitel 6

KOMMUNISMUS UND KAPITALISMUS, ZWEI SICH ERGÄNZENDE PHILOSOPHIEN

Teil 1

Zurzeit ist die ganze Welt in zwei Lager geteilt: auf der einen Seite die Kapitalisten, auf der anderen die Kommunisten. Die meisten Menschen sehen im Kapitalismus und Kommunismus zwei verschiedene Formen von Produktion und Aufteilung der materiellen Reichtümer; aber in Wirklichkeit sind dies zwei Begriffe, die viel weitergehende Tatsachen beinhalten.

Nehmen wir zum Beispiel ein ganz junges Mädchen. Früher – aber sagen wir ruhig auch heute noch – ist ein junges Mädchen eine Kapitalistin. Sie will nicht geküsst oder liebkost werden; sie behält alles für sich. Sie folgt eine Zeit lang dem Rat der Eltern, nichts herzugeben. Aber da die kommunistische Strömung um sich greift und allmählich alle Gebiete erobert, dringt sie eines Tages auch in den Kopf des jungen Mädchens ein, das dann sein ganzes

Herz, seine Anmut und seine Schönheit verteilen will. Es wird also eine Kommunistin. Für den jungen Mann gilt das Gleiche. Nach einer kapitalistischen Periode wird auch er Kommunist und verteilt überall seine Quintessenz. Aber ja, all das ist Kommunismus! Auf diese Weise betrachtet natürlich niemand die Dinge. Nur ich bin so verschroben!

Sagen wir also, dass das Mädchen eine Kommunistin ist, wenn es sein Kapital dem ersten Besten gibt. Aber warum verschenkt es eigentlich sein Kapital? Um das des jungen Mannes zu erobern, der es seinerseits verliert. Diese Art von Kommunismus ist also nicht völlig selbstlos! Wenn ein junges Mädchen großzügig wird, will es das Kapital des jungen Mannes gewinnen. Ohne Kapital kann man nicht leben. Ein Mädchen besitzt also ein enormes Kapital, mit dem es viele Dinge kaufen kann... Zumindest kann es sich zu einem guten Essen in ein Restaurant einladen lassen – und hinterher wird es dann selbst »vernascht«! Aber lassen wir dieses Thema; ihr seht, wie weit das alles führt.

Die Natur zeigt uns, dass in Wirklichkeit beide, Kommunismus und Kapitalismus, erforderlich sind. Was ist ein Kind? Ein Kapitalist. Es schreit, es fordert, es drängt sich auf, will alles haben und alles für sich behalten. Wenn es aber eines Tages heiratet und selbst Kinder hat, muss es Kommunist werden und seinerseits

Schätze verteilen. Die Menschen werden als Kapitalisten geboren, der Kommunismus kommt erst später. Wenn ein junger Mann ein junges Mädchen trifft und mit ihm eine Familie gründen will, entsteht die Gemeinschaft und somit der Anfang des Kommunismus.

Es ist die Natur selbst, die die Wesen zwingt, sich als Kapitalisten und als Kommunisten zu zeigen – aber natürlich zu verschiedenen Zeiten. Zuerst ist der Mensch Kapitalist, denn er muss reich werden. Die Natur gibt ihm das Kapital: Arme, Beine, Augen, Ohren, Geschlecht und Gehirn sind das Guthaben, mit dem er arbeiten muss, um den Reichtum zu erwerben, den er später verteilen kann. Denn was könnt ihr schon verschenken, wenn ihr arm seid? Nichts. Ihr könnt nicht einmal eurer Frau und euren Kindern helfen. Wer anderen helfen will, muss reich sein.

Der Kapitalismus sollte nur ein Mittel sein. Der Fehler der Kapitalisten liegt darin, dass sie ihn zum Ziel gemacht haben. Ihr habt nichts begriffen... die Kommunisten übrigens auch nicht. Glaubt ihr, dass die Kommunisten wirklich echte Kommunisten sind? Das weiß nur Gott allein! Sie kritisieren und bekämpfen die Kapitalisten oft nur deshalb so heftig, weil sie ebenso reich und mächtig sein wollen. Wer arm und mittellos ist, ist für den Kommunismus. Sobald er jedoch selbst reich geworden ist, will er nichts mehr davon wissen! Solange die Menschen arm sind, sind sie Kommunisten, sobald sie aber reich sind, sind sie Kapitalisten, denn wenn sie jetzt den Kommunismus bejahten, müssten sie alles verteilen, und das wollen sie nicht! Aber ich glaube an den Kommunismus. Warum? Weil Jesus ein Kommunist war. Aber ein weißer, kein roter.

Zurzeit denken und handeln weder die Kapitalisten noch die Kommunisten richtig. Wenn man die Anhäufung von Schätzen zum Ziel und Ideal hat, entstehen daraus allerlei unvorhergesehene Unannehmlichkeiten. Und wenn man ohne Unterscheidungsvermögen alles verteilen will, treten andere Folgen auf, die genauso nachteilig sind. Wenn Kapitalisten und Kommunisten ihre Auffassungen nicht erweitern, werden sie sich gegenseitig umbringen: Bürgerkriege, dann Kriege... Weder die einen noch die anderen haben das Licht, das wir hier geben, nämlich für ein hohes Ideal zu arbeiten. Sie arbeiten nur für sich selbst, und auch wenn sie scheinbar für andere tätig sind, tun sie es letztlich doch nur für sich selbst.

Kapitalisten und Kommunisten müssen einander verstehen, damit sie gemeinsam der ganzen Menschheit helfen können. Beide sind nötig, denn im Universum wirken die Strömungen des Kapitalismus und Kommunismus gleichzeitig. Warum sehen die Menschen hier einen Grund zur Spaltung, wo doch das kosmische Gleichgewicht auf diesen beiden

Strömungen beruht? Werdet also gleichzeitig echte Kapitalisten und echte Kommunisten, dann lebt ihr in der Fülle.

Viele sind Kommunisten, weil sie dazu gezwungen werden. Man nimmt ihnen ihr Land, ihr Haus weg... Freiwillig hätten sie nichts hergegeben. Was ist das für ein seltsamer Kommunismus, der die Menschen zur Abgabe ihres Eigentums zwingt? Begrenzen, unterdrücken, unterjochen, ist das Kommunismus? Nein. Der Kommunismus soll die Menschen lehren, wie sie verteilen, geben, lächeln und lieben sollen und gleichzeitig ihr Kapital behalten, denn was kann man ohne Kapital schon anfangen? Ohne Geld kann man selbst mit den besten Ideen der Welt nichts verwirklichen. Mit einem Kapital jedoch kann man einen Betrieb aufbauen, viel verdienen und den Gewinn verteilen: So wird man Kommunist. Wer Kommunist sein will, muss erst einmal Kapitalist gewesen sein. Das muss man zuerst begreifen! Wenn man nichts besitzt, kann man kein Kommunist sein. Alle Kapitalinhaber, die nicht wissen, wozu ein Kapital da ist, sind sehr schlechte Kapitalisten und werden zu Recht von den Kommunisten angegriffen. Aber die Kommunisten dürfen nicht die wahren Kapitalisten angreifen, denn nur sie sind die wahren Kommunisten.

Ihr werdet sagen: »Ach, du liebe Güte, ist das ein Wirrwarr, daraus werde ich überhaupt nicht klug!« Ja, in eurem Kopf geht alles durcheinander, weil ihr nicht im Einweihungswissen unterrichtet worden seid. Wenn man euch die Wahrheiten so darstellt, wie die kosmische Intelligenz sie geschaffen hat, versteht ihr nichts, weil man euch in den Schulen der Menschen falsche Ideen beigebracht hat. Ich bin dagegen in die Schule der kosmischen Intelligenz gegangen. Dort hat man mich gelehrt, dass man Kapitalist sein muss, um Kommunist werden zu können. Man muss also sein Verständnis erweitern, ein Kapitalist werden und dann seinen ganzen Reichtum – einschließlich Gehirn, Mund, Arme und Beine – einsetzen, um Gutes zu tun. In diesem Fall seid ihr ein idealer Kommunist. Wenn ihr aber nichts besitzen und trotzdem Kommunist sein wollt, könnt ihr dann Gutes tun? Nein. Und wenn ihr nehmt, was euch nicht gehört, seid ihr ein Dieb.

Die Reichen beseitigen wollen, um das wegzunehmen, was sie haben, und wie sie zu leben... – soll man die Dinge so verstehen? Wenn man im Elend ist, bekämpft man die Reichen, aber sowie man selbst reich ist, tut man es nicht mehr! In Wirklichkeit solltet ihr erst, wenn ihr reich seid, gegen die Reichen sein und alles verteilen. Wenn man in Armut lebt, ist es leicht, über die Reichen zu schimpfen. Genau wie die hässlichen Mädchen die schönen kritisieren, nur weil sie sich hässlich vorkommen. Wenn sie selbst schön wären, hätten sie an der Schönheit nie etwas auszusetzen.

Es kann nicht angehen, die Kapitalisten mit dem Schlagwort: »Es lebe der Kommunismus« zu stürzen und dann das Volk noch grausamer zu unterdrücken als seine Vorgänger. Wie wollen die Kommunisten sich vor der Geschichte rechtfertigen? Denn alle Geschehnisse werden festgehalten. Mehr und mehr Filme und Bücher berichten davon, dass Menschen, die unter Zwang Geständnisse für nicht begangene Verbrechen ablegten, zu Unrecht verurteilt wurden. Aber die Geschichte wird ihr Urteil sprechen. Sie wird über alle, Kapitalisten wie Kommunisten, ohne Unterschied richten und diejenigen freisprechen, die sich bereichern wollten, um ihren Reichtum an andere weiterzugeben und damit Großartiges zum Wohl der Menschheit zu leisten.

Übrigens gilt es, diese Wahrheit auf allen Gebieten zu verstehen und anzuwenden. Seht, jeder will studieren, lernen und Geld verdienen, um geachtet und geehrt zu werden, denn einem gebildeten oder mächtigen Menschen öffnen sich alle Türen. In allen Bereichen stößt man auf die gleiche ewige Neigung zum Kapitalismus, nämlich Habgier, Besitztum, herrschen zu wollen. Diese Neigung äußert sich nur unter verschiedenen Formen: Bei den einen ist es der Wunsch nach Reichtum, bei den anderen nach Macht oder Befehlsgewalt, bei den anderen nach Wissen... Das Wissen gehört vielleicht einer höheren Ebene an, aber im Grunde handelt es sich auch hier um die gleiche Neigung: reich zu werden, um sich durchsetzen zu können. Ja, die Gelehrten benehmen sich genau wie die Reichen, sie sind oft zu weit weg, arrogant und überhaupt nicht brüderlich.

Die Dummen und Schwachen neigen zum Kommunismus: Sie besuchen, treffen, umarmen sich und laden einander gerne ein. Sie sind leicht zugänglich und sind nett..., weil sie nichts haben! Die mächtigen und gelehrten Leute sind dagegen sehr schwer zu erreichen. Man muss monatelang im Voraus um einen Termin bitten, und dann wird man noch oft von ihrer Sekretärin empfangen und kann sie nicht persönlich sprechen. Ist das die richtige Haltung? Wenn jemand reich ist, egal in welchem Bereich, sollte er sich nicht wie ein hochmütiger Priester benehmen, sondern sich ein wenig dem Niveau der anderen anpassen, brüderlich sein und seine Schätze verteilen, dann ist er ein Kommunist, ein echter Kommunist. Nach Wissen und Macht sollte man nur streben, um der Menschheit zu helfen, und nicht für seine eigenen Angelegenheiten.

Wenn ich mir die Leute ansehe, die im Fernsehen sprechen, haben alle, ob Kapitalisten oder Kommunisten, eine »kapitalistische« Haltung. Sie fühlen sich mit Kenntnissen und Argumenten gut ausgerüstet und reden wie Despoten. Sie haben keine Liebe, Demut oder Sanftmut. Nein, mich kann man nicht täuschen, ich kann jedes Verhalten einordnen. Ihr fragt: »Aber wie können Sie dieses Verhalten als kapitalistisch oder kommunistisch bezeichnen?« Weil diese beiden unglücklichen Worte dauernd benutzt werden. Ich könnte auch andere Ausdrücke finden, aber ich benutze diese beiden, weil sie so bequem sind.

Man soll Kenntnisse, Titel und Diplome besitzen, aber nicht für seine eigenen Angelegenheiten. Das Wissen darf nicht dazu dienen, das niedere Ich zu befriedigen. Nein, alle Fähigkeiten, die ihr entwickeln könnt, um ein Gelehrter, Künstler, Politiker oder Finanzmann zu werden, dürfen nur dazu dienen, Gutes zu tun. Dann wird es göttlich sein, weil beides sich vereint: Es ist gleichzeitig kapitalistisch und kommunistisch. Ich habe mich jahrelang mit dieser Frage beschäftigt und sage euch, dass ich dieses Problem gelöst habe: Ich bin sowohl Kapitalist als auch Kommunist geworden.

Kapitalismus und Kommunismus sind beide notwendig und unerlässlich. Wie gesagt, hat die Natur selbst diese beiden Richtungen gutgeheißen. Das nehmende Kind ist Kapitalist, und der gebende Greis, der vor seinem Hinübergehen alles verteilt, ist ein echter Kommunist, denn er hat nichts für sich behalten. Dazwischen gibt es alle möglichen Menschen, die in keine dieser beiden Gruppen gehören: Kapitalisten, die keine sind, und Kommunisten, die keine sind...

Das Ideal ist, zugleich Kapitalist und Kommunist zu sein: Das heißt, sich zu bereichern, um seinen Reichtum stets weiterzugeben. Dann ist man perfekt. Wenn man aber nur das eine oder das andere ist, ist man auf jeden Fall verloren.

Wer etwas besitzen will, hat recht. Ja, die Natur hat ihm dieses Recht gegeben. Der Beweis: Wir haben einen physischen Körper, er gehört uns, und wenn man ihn verschenken will, wird es gefährlich. Gewiss, man soll manche Dinge verteilen, aber den Körper selbst muss man behalten. Seht euch einen Baum an: Er ist Kapitalist, er behält seine Wurzeln, seinen Stamm, seine Äste, aber wenn er seine Früchte verteilt, ist er ein Kommunist. So hat die Natur die Dinge bestimmt. Der Eingeweihte, der die Lehre der Natur verstanden hat, handelt genauso wie der Baum: Er behält seine Wurzeln, seinen Stamm, seine Äste, aber er verteilt seine Früchte, das heißt seine Gedanken, seine Gefühle, seine Worte, sein Licht, seine Kraft und sein Geld. Nur der Eingeweihte ist ein echter Kapitalist und ein echter Kommunist. Alle anderen sind wie Kinder, die sich balgen und vom wahren Leben nichts verstanden haben. Ihnen wird es nie gelingen, ihre Probleme zu lösen, denn das wahre Licht der Einweihungslehre fehlt ihnen.

Seht also, dass der wahre Kapitalist der Eingeweihte ist: Er bereichert sich unentwegt... gleichzeitig ist er aber auch ein wahrer

Kommunist, denn er verschenkt Tag und Nacht seine Schätze. Aber er behält sein Kapital, denn ohne es könnte er nichts anfangen. Stellt euch vor, jemand käme zu mir und sagte: »Oh, da haben Sie aber eine schöne Geige. Bitte, geben Sie sie mir!« Wenn ich ein wahrer Kapitalist bin, sage ich: »Nein, die Geige gebe ich euch nicht, sie gehört mir, aber ihr könnt jeden Tag zu mir kommen, dann spiele ich euch etwas vor.«

Solange die Menschen Kapitalismus und Kommunismus trennen, werden sie sich gegenseitig bekämpfen. Wie viele Diebstähle, Explosionen, Brände, Entführungen und Morde haben ihren Ursprung in diesen beiden Worten!

Die Weisheit liegt darin, beide Tendenzen in ausgeglichenem Maß zu entwickeln und sogar an einem einzigen Tag beides sein zu können. Wenn man sich ausschließlich wie ein Kapitalist verhält, das heißt zurückgezogen in seinem kleinen Loch hockt und niemanden sieht, ist das sehr schlecht. Und wenn man ewig bei den anderen steckt, weil man nicht imstande ist, allein zu leben, ist man wirklich ein lästiger Kommunist. Ich habe das Problem gelöst. Die eine Hälfte des Tages behalte ich für mich zum Arbeiten, Beten und Meditieren: Ich sammle an. Während der anderen Hälfte verteile ich meinen Reichtum: Ich rede und empfange Besucher. Nur so fühlt man sich glücklich, denn beide Seiten sind befriedigt.[1]

Wenn ihr immer allein seid, ohne etwas von euch selbst zu geben, habt ihr ein unbehagliches Gefühl, euch fehlt etwas. Und wenn ihr ständig bei anderen seid, verliert ihr alles, eure Vorräte schwinden, und euch bleibt nichts übrig. Ihr müsst also ein Kapitalist werden, euch etwas zurückziehen, um neue Vorräte zu schöpfen. Zu viel anhäufen macht ebenso unglücklich wie zu viel zu verteilen. Die dritte Lösung ist die einzige, die die Menschheit wirklich glücklich macht: halbe-halbe.

Anmerkung

1. Siehe auch Band 11 der Reihe Gesamtwerke »Der Schlüssel zur Lösung der Lebensprobleme«, Kapitel 3: »Vom Nehmen und Geben (Sonne, Mond und Erde)«.

Teil 2

Solange man Kapitalismus und Kommunismus voneinander trennt und sie einander als Gegensätze gegenüberstellt, irrt man sich. Der Kapitalist, der alles ansammelt, ohne je etwas zu verteilen, versauert. Genau wie der Weizen, der jahrelang im Speicher lagert, statt gesät zu werden: Er verdirbt oder wird von den Mäusen gefressen. Es ist ganz natürlich, etwas besitzen zu wollen. Aber alles haben wollen, ohne etwas davon zu geben, ist ein primitiver Instinkt, den man erziehen muss. Alles, was der Mensch besitzt, soll ihm dazu dienen, Gutes zu tun.

Nur sollte man natürlich nicht so sehr nach materiellem Reichtum streben, denn um materiell reich zu werden, muss man immer die Mitmenschen beiseite drängen oder sogar unehrlich handeln. Die Erde ist klein und der Raum begrenzt, also bereichert man sich immer mehr oder weniger auf Kosten anderer. Wenn dieser Wunsch nach Reichtum aber den Himmel, die weitreichenden, unermesslichen und unendlichen himmlischen Werte zum Ziel hat, so kann man alles nehmen, ohne diese Unendlichkeit, dieses unerschöpfliche Meer zu verkleinern und jemanden zu benachteiligen.[1] Und wenn ihr dann einmal reich seid, könnt ihr es den anderen weitergeben.

Sobald Kapitalisten und Kommunisten ihre Auffassungen erweitern und die Dinge aus höherer Sicht betrachten, ist das Problem zwischen ihnen gelöst. Das ist meine Lösung, die ich dafür gefunden habe. In meinem Innern bekämpfen sich diese beiden Tendenzen nicht, sie reichen sich brüderlich die Hände, umarmen einander und sind glücklich. Die Kapitalisten in mir bereichern sich Tag und Nacht, sie übertreffen sogar die irdischen Kapitalisten, die sehr begrenzt und eingeschränkt sind. Ja, was kann man auf der Erde schon erreichen? Wenn ihr sehr schnell vorankommen wollt, riskiert ihr wegen der Bäume, Häuser oder Fußgänger einen Unfall, und manchmal könnt ihr nicht schneller als dreißig Stundenkilometer fahren, damit ihr das Vieh nicht überfahrt. Im Äther gibt es hingegen keine Unfälle, selbst wenn ihr euch schneller als mit Lichtgeschwindigkeit fortbewegt. In jener Höhe befinden sich die Kapitalisten in mir, und deswegen begegnen sie keinen Hindernissen in ihren Unternehmungen. Die anderen Kapitalisten dagegen, die Ärmsten, werden immer eingegrenzt, obgleich sie alles daransetzen, die ganze Welt zu verschlingen. Was will man, auf materieller Ebene ist das eben so.

Und die Kommunisten, die so stolz auf ihre Philosophie sind und sich so freigebig und selbstlos glauben, stoßen auf andere Hindernisse. Da sie die Struktur des Menschen nicht kennen, ahnen sie nicht, dass sie, wenn sie die materiellen Verhältnisse verbessern und alle spirituellen Bedürfnisse ablehnen, unweigerlich eine Zivilisation in die Katastrophe führen. Wenn die Menschen das Geistige vernachlässigen, werden sie wieder listig, unehrlich und grausam wie die Tiere. Auf diese Weise kann der beste Kommunist bald wie der schlimmste Kapitalist werden: ungerecht, grausam, despotisch, und seine Macht missbrauchend. Viele Kommunisten haben sich trotz ihrer wunderbaren Philosophie schon bloßgestellt, dafür gibt es Beweise. Ja, es ist leicht, eine ideale Philosophie zu predigen, aber wenn es darum geht, sie in seinem täglichen Leben konkret zu verwirklichen, ist das viel schwieriger, aber gerade das ist die Hauptsache.

Der Mensch wurde von der kosmischen Intelligenz so geschaffen, dass er seine volle Entfaltung nur dann erreichen kann, wenn er die Verbindung zur höheren Welt – von der er Licht und Kraft bekommt – aufrechterhält. Solange er sich ausschließlich auf seinen begrenzten Verstand verlässt, kann er nicht alles sehen und vorhersehen und begeht katastrophale Fehler auf allen Gebieten. Jene Kommunisten oder Kapitalisten, die ihre Macht auf der Technik, Industrie und dem materiellen Fortschritt beruhen lassen, sind früher oder später zum Untergang verurteilt. Denn ihr Handeln, das allein vom Wunsch, die ganze Welt zu beherrschen, geprägt ist, ohne die Pläne der kosmischen Intelligenz einzurechnen, setzt die Schichten der physischen und psychischen Welt in Bewegung, fordert feindliche Kräfte und fürchterliche Mächte heraus, die sich dann gegen sie richten.

Wer die politischen und sozialen Probleme durch den Materialismus lösen will – ohne das tiefere Wesen des Menschen zu studieren –, wird eines Tages große Überraschungen erleben. Denn das Verlangen nach geistiger Nahrung wird mit einer derartigen Macht im Volk lebendig werden, dass weder Drohungen noch Gefängnis oder Tod es davon abhalten können.[2]

Nur den Eingeweihten ist es bisher gelungen, in ihrem Leben Kommunismus und Kapitalismus miteinander zu vereinbaren, und zwar ganz bewusst. Sie wissen, dass dieser Kreislauf ein Lebensgesetz ist: nehmen und geben... Ja, und das ewige Leben bedeutet, vom Himmel zu empfangen und dann das Erhaltene weiterzugeben. Dann kehrt alles zur Läuterung wieder in den Himmel zurück. Der venöse Blutkreislauf ist kapitalistisch. Er fließt vom ganzen Körper aus den Lungen entgegen, um dort gereinigt zu werden; dann strömt das Blut ins Herz, von wo aus es wieder in den ganzen Körper geschickt wird: Der arterielle Kreislauf ist kommunistisch.

Der Blutkreislauf ist in Wirklichkeit der Spiegel eines kosmischen Vorgangs. Diese Energie, die von Gott, vom Zentrum kommt und alle Naturbereiche durchströmt, um sie zu beleben, belastet sich dabei mit Unreinheiten und fließt dann auf uns unbekannten Wegen wieder in die Lunge und das Herz des Universums zurück, wo sie gereinigt und erneut zu allen Geschöpfen geschickt wird. Dieser Kreislauf stellt den richtig verstandenen Kapitalismus und Kommunismus dar.

Anmerkung

1. Siehe auch Band 217 der Reihe Izvor »Ein neues Licht auf das Evangelium«, Kapitel 4: »Sammelt euch Schätze…«.
2. Siehe auch Band 31 der Reihe Gesamtwerke »Leben und Arbeit in einer Einweihungsschule«, Kapitel 2: »Materialisten und spirituelle Menschen«.

Kapitel 7

EINE NEUE AUFFASSUNG VON DER WIRTSCHAFT

Teil 1

Die Menschen neigen heute dazu, der Wirtschaft eine herausragende Stellung einzuräumen, und scheinbar haben sie recht, denn die bestmögliche Produktion und Aufteilung der irdischen Güter sind sehr wichtig. Aber sie sind im Irrtum, wenn sie nicht sehen – oder nicht in Betracht ziehen –, dass die Wirtschaft in Wirklichkeit von Faktoren einer höheren Ebene abhängig ist.

Die Wirtschaft ist, wenn man so will, die tote Seite. Sie kann sich weder fortbewegen, noch handeln, noch sich selbst äußern; sie wird von anderen Elementen bestimmt. Und je nachdem, ob sie von Weisheit oder Dummheit bestimmt wird, sind die Ergebnisse völlig verschieden. Wenn der entscheidende Kopf krank ist, bricht am Ende auch die ganze Wirtschaft zusammen. Dann kommt es zu Unzufriedenheit, Streiks und Aufständen.

Es ist schade, dass die Menschen sich so weit in die Materie haben reißen lassen, bis sie vergaßen, dass nicht die Materie am wichtigsten ist, sondern die auf sie einwirkenden Faktoren. Angenommen, ihr habt Kapital und Waffen und fühlt euch sehr stark. Leider seid ihr dumm, und schon kommt ein anderer, der klüger ist als ihr. Er kann euch vernichten, weil er ein Element besitzt, das eurem ganzen Besitz überlegen ist: Verstand. Ja, der Verstand siegt oft über alle materiellen Mittel.

Jedes Ereignis auf der materiellen Ebene hängt von Phänomenen ab, die sich auf höherer Ebene, in der unsichtbaren Welt der Gedanken und Gefühle abspielen. Solange man die unsichtbaren Elemente, die auf die Materie einwirken, nicht sieht, die sie im guten oder schlechten Sinn beeinflussen, hat man eine falsche Sicht der Dinge. In Wirklichkeit kann im wirtschaftlichen, technischen oder industriellen Bereich nichts von selbst funktionieren.

Wenn man darstellen will, wie der Mensch anatomisch gebaut ist, nimmt man Abbildungen zu Hilfe, die seine verschiedenen Systeme zeigen: Knochen, Kreislauf, Muskeln, Nerven usw. Aber keine dieser Abbildungen stellt den Menschen in seiner Ganzheit dar, sondern nur einen Teilbereich. Man weiß nicht, dass es über das Nervensystem hinaus noch mehrere andere Systeme gibt, die der offiziellen Wissenschaft bisher noch unbekannt sind. Niemand spricht zum Beispiel von der Aura, die mit ihren Licht- und Farbströmungen das Nervensystem lenkt, genau wie dieses seinerseits über Blutkreislauf, Atmung usw. herrscht.[1] Man hat den Menschen also noch nicht in seiner Ganzheit studiert.

Wenn die Menschen der Wirtschaft (Rohstoffen, Kapitalien, Absatzmärkten, Ein- und Ausfuhr usw.) den Vorrang geben, beweisen sie damit, dass sie sich auf das Knochen-, Muskel- und Kreislaufsystem beschränken und nicht bis zum Nervensystem, geschweige denn zur Aura vorgedrungen sind. Dies erklärt, warum sie bestimmte, diesen Systemen entsprechenden Regeln, Gesetze und Tugenden beiseite lassen. Auf diese Weise fördern die regierenden Persönlichkeiten, die hauptsächlich die wirtschaftliche Seite unterstreichen, den Verfall der Menschheit. Wenn man stets reicher und stärker sein will als der Nachbar, handelt man zwangsläufig nicht immer ganz ehrlich. Ja, das ist unvermeidlich.

Während also einerseits der Wohlstand zunimmt, wird andererseits die Achtung vor den göttlichen Gesetzen kleiner, und gerade dies wird zu den schrecklichsten Katastrophen führen. Ich weiß wohl, dass man meine Worte nicht akzeptieren kann, denn diese Dinge sieht man nicht. Man ist sich nicht bewusst, dass der wirtschaftliche Erfolg unweigerlich zu Unehrlichkeit und Verbrechen zwingt. Es ist genau das Gleiche wie in der Politik oder im Geheimdienst: Alles ist erlaubt unter dem Vorwand, für sein Land zu arbeiten. Gut, und was wird aus den anderen Ländern? Gerade die wirtschaftlichen Interessen führen dazu, dass die Moral abgeschafft wird. Wenn man diesen den Vorrang gibt, werden alle guten Eigenschaften wertlos und durch Egoismus, Gewalt, List und Skrupellosigkeit ersetzt. Gewiss, die Wirtschaft ist unentbehrlich, aber sie muss unter Kontrolle gehalten werden, um anderen Notwendigkeiten, höheren Mächten zu gehorchen. Sonst werden die besten Absichten verhöhnt, damit die Egoisten sich bereichern können.

Man sollte zu überlegen anfangen und begreifen, dass man die göttliche Welt an die erste Stelle und alles andere in ihren Dienst stellen muss.[2] Die Wahrheit ist, dass die Menschen Ziel und Mittel verwechselt haben. Sie wissen, dass es stets ein zu erreichendes Ziel gibt und auch Mittel, die dies ermöglichen, aber sie merken nicht, dass sie dabei sind, alle Fähigkeiten und herrlichsten Gaben, die der Himmel ihnen geschenkt hat, als Mittel einzusetzen, um das alleralltäglichste Ziel zu erreichen. Sie opfern das Beste, das sie haben, um die niedrigsten Verlangen zu befriedigen. Sogar der Herr soll sich ihrem Willen beugen, um ihnen bei ihren Ausschweifungen und Dummheiten zur Hand zu gehen. Und glaubt ihr, dass sie sich dieser Situation bewusst sind? Nein, nie im Leben!

Sie nehmen sich nicht die Zeit, sich zu fragen: »Wie bin ich? Was suche ich?« Nein, ein Meister muss kommen und ihnen sagen: »Nun, sieh dir doch einmal an, welches Ziel du hast! Die Hölle! Und mit welchen Mitteln? Nun, du hast den Herrn, die Engel, die Wissenschaft, die Kunst, die Religion dazu benutzt!« Ja, das nimmt man einfach, um die Hölle zu erreichen!

Gewiss, der materielle und wirtschaftliche Fortschritt bringt Vorteile. Man kann heute nur darüber staunen, was es alles in den Haushalten gibt: Heizung, Staubsauger, Waschmaschine, Geschirrspüler, Fernseher, Telefon... Aber warum sind die Menschen, wo sie doch alles haben, so unzufrieden, aufständisch und krank wie nie zuvor?... Trotz dieses unverkennbaren Misserfolgs suchen sie weiterhin in derselben Richtung. Sie wollen nicht begreifen, dass man das wahre Glück auf einer anderen Ebene findet. Sie sollten nach Liebe, Weisheit und Wahrheit suchen und nicht länger so felsenfest davon überzeugt sein, dass Bequemlichkeit und Wohlstand ihnen alles geben können. Nein, solche Erleichterungen bringen nur Trägheit, Egoismus und Schwäche. Aber leider wünscht man sich heute gerade dies: Müßiggang und Vergnügen, nichts zu tun und alles zu haben!

Und was rate ich? Ich rate beides: alle materiellen Bequemlichkeiten zu besitzen, aber gleichzeitig unermüdlich physisch und hauptsächlich psychisch tätig zu sein, damit man nicht einrostet oder abstumpft. Ihr meint, darüber hätte ich bereits gesprochen? Ja, das stimmt, aber wo sind die Resultate? Habt ihr euch entschlossen, in diesem Sinne zu handeln? Nein, noch nicht. Auch ihr konzentriert euch so stark auf die Materie, auf Vergnügungen, dass ihr keine Zeit mehr habt, um euch der göttlichen Welt zu öffnen und die hohen Wesenheiten zu bitten, in eurem Innern zu wirken.[3] Das ist sehr schlimm. Wenn ihr es nicht begreifen wollt, müsst ihr leiden, und niemand kann euch helfen. Ihr könnt euch nur selbst durch Licht und Liebe helfen. Also untersucht einmal, was ihr mit eurer Zeit, euren Energien und eurer Aufmerksamkeit macht. Ihr werdet sehen, dass ihr der göttlichen Welt – der einzigen, die läutern, erleuchten und auferstehen lassen kann – nicht viel Platz einräumt und eure ganzen Energien der materiellen Welt widmet, die euch nach einigen Minuten der Freude niederdrückt, gefangen hält und zerstört.

Nehmen wir zum Beispiel einen reichen Mann: Wenn er mit seinem Reichtum nichts Gutes tut und sich nur den Freuden des täglichen Lebens hingibt, wird er in einer nächsten Inkarnation nichts besitzen und in Elend und Entbehrung leben müssen. Er wird nicht einmal wissen, dass er in der Vergangenheit sehr reich war und nur deshalb jetzt im Elend lebt, weil er alles für sich behalten und nichts für die anderen getan hat. Wie viele Menschen kommen in wirklich erbärmlichen Zuständen zur Welt, ohne dass man weiß, warum! Diese Frage ist noch nie richtig beantwortet worden, weder von der Psychologie, Medizin, Pädagogik noch Psychoanalyse... und nicht einmal von der Religion. Die Antwort kann nur das Einweihungswissen geben.

Wenn ihr also für euer nächstes Leben gute Bedingungen schaffen wollt, müsst ihr euch, bevor ihr etwas unternehmt, erst einmal ganz ehrlich die Frage stellen: »Ich suche das Licht, die Liebe, die Kraft... Werde ich sie bekommen, wenn ich dieses und jenes tue?« Und der Himmel, der sie hört, wird euch die Antwort geben.

Über das Thema »Wirtschaft« gäbe es noch sehr viel zu sagen! Wenn eine Gesellschaft zu sehr um ihre wirtschaftlichen Vorteile besorgt ist, hat das alle möglichen Unannehmlichkeiten und Unausgeglichenheiten zur Folge, die sie aufgrund ihrer mangelnden Weisheit nicht voraussehen konnte. Seht, man will so viel wie möglich exportieren, weil das äußerst vorteilhaft ist, und letztendlich verkauft man Waffen und Kampfflugzeuge an Völker, die durch ständige Unruhen und Kämpfe den Frieden und die Sicherheit des ganzen Planeten in Gefahr bringen. Manche dieser Völker können kaum lesen und schreiben, und doch gibt man ihnen technisch ausgereifte Waffen! Natürlich verdient man damit viel Geld, aber das wird auf die eine oder andere Art teuer zu stehen kommen. Mein Gott, was für eine Blindheit! Und auf diese Weise wird eine skrupellose Wirtschaft viele Länder zugrunde richten.

Ja, meine lieben Brüder und Schwestern, ich bin damit einverstanden, dass keine Frage so wichtig ist wie die der Wirtschaft. Nur haben die Menschen eines nicht verstanden: Man darf die Probleme nicht von unten angehen, um sie zu lösen, sondern muss sie oben studieren, denn das, was unten ist, ist nur eine Spiegelung dessen, was oben ist.

Anmerkungen

1. Siehe auch Band 309 der Reihe Broschüren »Die Aura«.
2. Siehe auch Band 26 der Reihe Gesamtwerke »Der Wassermann und das Goldene Zeitalter«, Kapitel 5, Teil 3: »Das Reich Gottes und Seine Gerechtigkeit«.
3. Siehe auch Band 242 der Reihe Izvor »Unerschöpfliche Quellen der Freude«, Kapitel 18: »Der Besuch der Engel«.

Teil 2

Die Gesellschaft ist so gut organisiert, dass die Menschen alles haben können. Deshalb sind sie sehr nachlässig geworden. Sie wissen, dass immer etwas oder jemand da ist, um ihnen aus den Schwierigkeiten zu helfen. Sie können Ski laufen und sich unvorsichtig auf die Piste stürzen: Wenn sie sich ein Bein brechen, kommen sie ins Krankenhaus und erhalten einen Gipsverband. Wenn sie auf einer Leiter arbeiten müssen, prüfen sie nicht erst, ob sie richtig steht. Wenn sie herunterfallen, hebt man sie ja doch wieder auf und pflegt sie! Und warum sollen sie ihre Zähne pflegen, wenn es Zahnärzte gibt? Warum sollen sie achtgeben, ihre Kleidung nicht zu beschmutzen, wenn es von Reinigungsmitteln nur so wimmelt? Und wenn sie im Wald spazieren gehen und ihre brennende Zigarette wegwerfen, warum sollten sie sich dann den Kopf zerbrechen, ob ihre Zigarette einen Brand verursachen wird, wo es doch eine Feuerwehr gibt?

Auf diese Weise nehmen Achtsamkeit, Weitsicht, Geschicklichkeit, Weisheit und Intelligenz immer mehr ab. Warum sollte man diese Eigenschaften entwickeln, wo doch die Gesellschaft so viele Möglichkeiten bietet, die Dummheiten der Einzelnen zu beheben? Alle Forscher und Techniker sind da, um der Menschheit zu helfen. In Wirklichkeit helfen sie ihr nicht, denn die Menschen werden immer träger, schwächer und gefühlloser. Sie sind vielleicht kenntnisreicher, dafür aber auch viel nachlässiger und gleichgültiger. Es handelt sich nicht darum, den materiellen Fortschritt aufzuhalten, sondern auch im Inneren eine Arbeit zu verrichten, um Achtsamkeit, Vorsicht und Selbstbeherrschung zu üben.

Denn man sollte bedenken, dass gewisse Ereignisse den Menschen die gewohnten Bequemlichkeiten nehmen könnten, was wiederum Ursache von Unordnung und Konflikten wäre. Seht nur, was mit dem Erdöl geschieht: Man hat gepumpt und gepumpt und die Energie achtlos verschwendet, weil man das Erdöl für unerschöpflich und leicht zugänglich hielt... Und jetzt sind so viele politische Probleme daraus entstanden! In den Händen seiner Besitzer ist es eine schreckliche Waffe geworden und bedroht nun ständig den Weltfrieden. Die Wirtschaft ist großartig, aber es wäre besser für die Menschen, wenn sie zunächst einmal versuchten, die Wahrheiten anzuerkennen, die ihr psychisches Leben verbessern, denn ihr äußeres Leben muss früher oder später die Folgen ihrer inneren Schwächen tragen.

Ich bin vielleicht der Einzige, der die Wirtschaft richtig versteht! Man redet über die Wirtschaft, man studiert Ökonomie, aber ich kenne von alledem nichts und weiß nur, dass die Ökonomie sich nicht dort befindet, wo die

Menschen sie suchen. Wollt ihr die höhere Wirtschaft betreiben und über Reichtum und Schätze verfügen, die ihr dann ausgeben könnt, um anderen zu helfen? Gut, dann müsst ihr achtsam, aufgeklärt, vernünftig und voller Selbstbeherrschung sein; das ist die wahre Wirtschaft. Auf dieser Ebene vermutet sie keiner, und die größten Ausgaben und Verluste werden von den Ökonomen verursacht.

Heute ruinieren sich alle geistig, moralisch, intellektuell und sogar materiell, weil sie die Beschaffenheit der Wirtschaft nicht richtig verstanden haben. Die wahre Wirtschaft fängt da an, wo euch noch nie eingefallen ist, sie zu suchen: bei der Achtsamkeit. Man staunt über die zahlreichen Mittel und Produkte, die heutzutage beschädigte, zerbrochene oder schmutzige Dinge – und nicht nur Dinge, sondern auch Menschen – wieder instand setzen können. Es ist unglaublich; die eine Hälfte der Menschheit arbeitet an der Behebung der Schäden, die von der anderen Hälfte verursacht worden sind. Nun, mit diesem Punkt sollten sich die Ökonomen eingehender beschäftigen. Die Menschen zählen zu sehr auf äußere Hilfsmittel. Sie sagen sich: »Warum sollen wir uns den Kopf zerbrechen und achtsam sein, wo es doch so viele Techniker und Arbeiter gibt, die alles, einschließlich uns selbst, wieder in Ordnung bringen können!« Je mehr Erleichterungen einem zur Verfügung stehen, desto weniger entwickelt man seine Achtsamkeit, und so bricht das ganze Wirtschaftssystem zusammen: Man muss zu viel für Reparaturen ausgeben!

Aber ich weiß, dass die Wirtschaftswissenschaftler meinen Standpunkt nicht teilen. Nicht nur, dass sie das Problem noch nie von dieser Seite betrachtet haben, sie vertreten auch eine völlig entgegengesetzte Philosophie: Es muss immer mehr produziert werden, und um den Absatz zu gewährleisten, müssen die Menschen so viel wie möglich verbrauchen. Die Menschen werden also zum Konsum, ja sogar zur Verschwendung angetrieben: Je mehr sie kaufen, desto besser. Wenn sie nachlässig sind und ihr Auto oder ihre Geräte kaputt machen, ist das sehr gut, denn dann müssen sie neue kaufen... Wenn sie unvernünftig sind und ihre Gesundheit ruinieren, ist das auch gut, denn dadurch werden die pharmazeutische Industrie und die Laboratorien reich. Auf diese Art blühen natürlich die Geschäfte gewisser Personen und Länder, aber für die Ausgeglichenheit, das Glück und die Gesundheit der gesamten Menschheit ist diese Auffassung der Wirtschaft katastrophal und ruinös.

In Wirklichkeit kennt und betreibt nur die Natur die wahre Wirtschaft: Sie weiß, was sie zu tun hat, damit nicht das geringste Atom verloren geht. Das winzigste Staubkorn, Abfall, alles wird verwendet. Seht, die Erde nimmt sogar den Unrat und die Abfälle der Menschen auf und verarbeitet sie unten in ihren Fabriken. Sie macht daraus eine Nahrung für die Pflanzenwelt. Nichts geht verloren, nichts wird weggeworfen.[1] Die Menschen besitzen bei Weitem nicht die Intelligenz der Natur. Sie überfordern die Erde nicht nur, indem sie ihr eine hohe Produktion abtrotzen und ihre Reserven vergeuden, sondern sie stehen ständig vor dem Problem der Abfälle. Seht nur, welche Schwierigkeiten der Atommüll und andere äußerst giftige Abfallstoffe bereiten, die man noch nicht zu vernichten weiß! Man ist gezwungen, diesen Müll in unterirdischen Gängen zu stapeln, aber er bedeutet eine schreckliche Gefahr für die Menschheit.

Die wahre Ökonomie liegt also nicht da, wo man sie vermutet! Ich behaupte sogar, dass die wahre Ökonomie darin besteht, die uns vom Himmel gegebenen Kräfte, Eigenschaften und Energien nicht zu vergeuden.[2] Sie beginnt also bei der Weisheit, beim Maßhalten und bei der Achtsamkeit. Heutzutage wimmelt es geradezu von Ökonomen! Aber die Menschheit wird mit diesen großen Wirtschaftswissenschaftlern ihr Glück nicht finden, weil sie nur die materielle Seite des Lebens und der Probleme sieht.

Was kann ein Mensch, der seine ganzen psychischen Energien in Leidenschaften, Begierden, ungeordneten Gedanken und Gefühlen vergeudet und zerstreut, schon von der Wirtschaft verstehen? Ihr werdet sagen, dass ihr da keinen Zusammenhang seht. Weil ihr blind seid, ganz einfach! Diese beiden Bereiche sind nicht voneinander zu trennen. Deshalb sollten jene, die ein Land regieren oder sich mit Wirtschaftsfragen beschäftigen, zuerst einmal gewisse Wahrheiten lernen, die nicht in den Büchern der Wirtschaftslehre stehen: woraus der Mensch besteht, wie er mit dem ganzen Universum verbunden ist, welche Hierarchien das Universum besitzt und dass alles, was der Mensch tut, einem Vorbild, einer himmlischen Idee folgen muss. Von diesem Augenblick an werden alle seine Handlungen und Anordnungen vollkommen sein.

Anmerkungen

1. Siehe auch Band 234 der Reihe Izvor »Die Wahrheit. Frucht der Weisheit und der Liebe«, Kapitel 17: »Die Wahrheit jenseits von Gut und Böse«.
2. Siehe auch Band 221 der Reihe Izvor »Alchimistische Arbeit und Vollkommenheit«, Kapitel 8: »Die Verwendung der Energien«.

Kapitel 8

WAS JEDER POLITIKER WISSEN SOLLTE

Teil 1

Das menschliche Wesen besitzt zwei Naturen (sagen wir der Einfachheit halber so): eine niedere, die wir Personalität nennen, und eine höhere, die wir als Individualität bezeichnen. Wenn die Individualität im Menschen vorherrscht, kann er der ganzen Welt unendlich viel Gutes tun. Lässt er aber seiner egozentrischen, habgierigen und grausamen Personalität den Vorrang, kann er den Mitmenschen nur schaden. Leider nimmt die Personalität überall auf der Welt den ersten Platz ein: in den Familien, wo die Frau alles an sich reißen will, und der Mann ebenso... In der Gesellschaft, wo sich jeder auf Kosten der anderen seinen Weg bahnen will... In Politik, Wirtschaft und Kunst, überall sieht man nur die Personalität sich ausdrücken, sich aufdrängen und herumwettern.

Die Menschen haben jedoch kein ausreichendes Unterscheidungsvermögen, um die Ursachen ihrer Forderungen und Ansprüche zu ergründen. Wie oft haben sie schon Umstürze und Revolutionen erlebt! Aber die Situation hat sich nicht gebessert. Und warum nicht? Weil die Aufständischen nicht den Willen hatten, ihre niederen Neigungen abzulegen. Solange die Mentalität sich nicht ändert, kann die Lage nicht besser werden, egal welche Reformen sie einführen wollen. Erst wenn sie dem engen Kreis ihrer Gelüste und Begierden entkommen, werden die beabsichtigten Veränderungen tatsächlich Verbesserungen sein.

Bis dahin geht das verbitterte Streben der zahlreichen ehrgeizigen Politiker weiter, die um eine mit mehr Macht und Geld ausgestattete Stellung kämpfen, obgleich sie alle mehr und mehr von Änderungen sprechen... Sie bereiten sich nicht auf die großartige Aufgabe vor und tun nichts, um selbstloser, edler und Herr ihrer selbst, mit anderen Worten ein Vorbild zu werden... Das interessiert sie nicht. Was würde es ihnen schon nützen, wenn sie sich verbesserten? Das brauchen sie nicht. Sie brauchen eine Stellung, die ihnen Macht verschafft und ihre Leidenschaft, ihren Eroberungsdrang, ihre Herrschsucht und ihren Rachegeist befriedigt. Aus diesem Grund wird die Welt nie den Frieden finden!

In Wirklichkeit ist die heutige Gesellschaft so wenig erleuchtet, dass sie die schlechten Neigungen ihrer Mitglieder fördert. Sogar die Eltern sind derart unwissend, dass sie sich einbilden, ihre Kinder zu erziehen, indem sie ihnen mehr oder weniger zulässige Mittel anraten, um Vergünstigungen oder Vorrechte zu erhalten. So sehen sie die Erziehung, anstatt ihren Kindern zu sagen: »Du musst dich vorbereiten, denn wenn du eines Tages Verantwortung trägst, musst du deiner Aufgabe gewachsen sein und darfst dich nicht kompromittieren«, geben sie ihnen Anleitungen zu unehrlichem Handeln und freuen sich, wenn ihre Kinder etwas erreichen, auch wenn sie es nicht verdienen.[1] Man will immer auf materieller Ebene erfolgreich sein, und da man dazu zwangsläufig berechnend, hinterlistig und gewalttätig handelt, zerstört man am Ende all seine guten Charakterzüge.

Ihr werdet sagen: »Gut, aber wenn wir Ihre Ratschläge befolgten, um ein Vorbild zu werden, blieben wir aufgrund der in der Welt herrschenden Zustände unbekannt, im Dunkeln, auf den untersten Stufen der gesellschaftlichen Leiter.« Was wisst ihr denn von den großen spirituellen Gesetzen, um solche Schlussfolgerungen zu ziehen? Wenn ihr wirklich befähigt, außergewöhnlich, ein wahres Vorbild, eine Sonne werdet, werden die anderen – ob ihr es wollt oder nicht – euch mit Macht herbeiholen und an die Spitze setzen, um zu leiten und zu führen! Wenn dies nicht geschieht, habt ihr es nicht verdient. Ihr seid noch nicht so weit, also dürft ihr nicht protestieren.

Die Menschen sehnen sich nach dem echten Licht, dem echten Wissen, echter Macht, denn sie brauchen und suchen sie. Aber da ihre Mitmenschen keine untadeligen Vorbilder sind, schlagen sie sich mit Unehrlichkeit und Gewalt ihren Weg, um auf jeden Fall erfolgreich zu sein. Innerlich sehnen sich alle nach dem Edlen und Göttlichen, aber da sie es nirgends finden und nur von Ganoven und Raffgier umgeben sind, verlieren sie den Mut, passen sich an und übernehmen die verbreitete Philosophie: »Gutes wird mit Schlechtem belohnt«... »Ehrlichkeit bringt Hungertod«... »Der Mensch ist für jeden Menschen ein Wolf«. Und so gleicht jeder sich mehr und mehr den niedrigsten Geschöpfen an.

Es ist traurig, dass viele in ihrer Jugend für ein Ideal arbeiten möchten, zu großen Opfern bereit sind und sich wie edle Ritter betragen wollen. Aber nach einiger Zeit, unter dem Einfluss der Realität und dem Druck der Umwelt, die sie zu »Vernunft" und »Intelligenz" anhält, geben sie auf, passen sich an und werden wie die anderen. Man sieht überall, dass die Menschen gute Vorsätze und guten Willen haben. Nur finden sie keine Lehrer oder Vorbilder, die sie unterstützen, sie beraten und am Rückwärtsgehen hindern. Und aufgrund all der kleinen

Unannehmlichkeiten, den Anspielungen und Verspottungen werden sie nach einiger Zeit genauso wie die Raubtiere ihrer Umgebung.

Aber nehmen wir an, dass es in Zukunft Menschen geben wird, die kämpfen und zur Verwirklichung eines hohen Ideals alles opfern werden, dann werdet ihr schon sehen, wie sehr man diese Menschen suchen, achten und lieben wird! Und auf diese Weise kann das Reich Gottes auf die Erde kommen. Es ist nur deshalb noch nicht da, weil die meisten Regierenden kein hohes Ideal besitzen. Sie sind weder zu dumm noch zu verrückt, um derart hohe Ziele zu verfolgen! Sie wollen die Situation lieber ausnutzen. Wenn sich aber eines Tages einige dazu entschließen sollten, dieses hohe Ideal zu verwirklichen, komme, was wolle, dann wird dies echte Macht, echtes Licht und echte Schönheit bedeuten, glaubt mir!

Nur die Weisen, Eingeweihten und großen Meister, die ihre Personalität besiegt haben, konnten ihre göttliche Natur zum Ausdruck bringen und der Menschheit unvergessliche, ewige und unzerstörbare Werke hinterlassen. Solche Wesen hat es schon immer gegeben – die Geschichte zeugt davon –, aber im Vergleich zu all den Personalitäten, die die Welt bevölkern und ihren niederen Trieben wie Geldgier, Feindseligkeit und Rachsucht freien Lauf lassen, sind sie nicht zahlreich genug. Wenn solche Menschen in einem Land politische

Verantwortung tragen, müssen viele darunter leiden. Solange die Philosophie der Personalität herrscht, werden die Kriege kein Ende nehmen. Solange die Menschen ihre Denkweise nicht ändern, wird es nie zu wahren Verbesserungen kommen, und es wird immer irgendwo auf der Welt Kriege und Armut geben.

Das Reich Gottes ist nur deshalb noch nicht auf die Erde gekommen, weil alle eine von der Personalität geprägte Politik verfolgen. Wenn ich die politischen Ziele analysiere, stelle ich fest, dass sie immer mittelmäßig sind. Natürlich werden sie verziert und verschönt dargestellt, um einen guten Eindruck zu erwecken. Aber in Wirklichkeit bedeuten sie oft: »Geh weg und überlasse mir deinen Platz!« Sie sind alle gleich! Aber nach und nach wird man sich bewusst werden, dass Geigen nicht aus irgendeinem Holz gefertigt werden können, sondern dass man das passende finden muss. Ja, die Politiker müssen in Einweihungsschulen vorbereitet und unterrichtet werden, sonst führen sie die Völker weiterhin Katastrophen entgegen.

Welche verborgenen Absichten haben sie eigentlich alle, die reden, gestikulieren und großspurige Reden führen? Man drängt sich, um ihnen zuzuhören, und da man überhaupt nicht hellsichtig ist, begeistert man sich für sie, applaudiert und folgt ihnen. Auf diese Weise werden Blinde von Blinden geführt. Man sagt, wenn Blinde von Blinden geführt werden, fallen sie beide in den Abgrund. Leider wird man sich der allgemeinen Verblendung immer erst dann bewusst, wenn die Katastrophe bereits da ist. Nehmt Hitler, Stalin oder andere, die wahre Henker und Ungeheuer waren, denen aber die Massen folgten und zujubelten.

Auch ich verfolge eine Politik – aber eine, die nicht in der Personalität ihren Antrieb findet. Es ist traurig, dass nur sehr wenige bereit sind, diese Ideen aufzunehmen. Wenn ihr ihnen eine Politik vorschlagt, die von der Individualität, von Großzügigkeit, Selbstlosigkeit und Licht inspiriert ist, wird niemand euch folgen. Wenn ihr dagegen von Zerstörung und Vernichtung redet, sind sofort Tausende begeistert. Deshalb muss ich euch leider sagen, dass die Menschen noch weiterhin leiden müssen.

Ja, eine andere Erklärung gibt es nicht; die Menschen müssen noch sehr viel leiden, und eines Tages werden sie aufgrund dieser Leiden auf den richtigen Weg stoßen. Ihr findet mich grausam? Nein, es macht mich traurig, aber die Menschen begreifen eben nur durch das Leiden. Der Beweis: Wenn der Himmel ihnen einen Gesandten schickt, der sie erleuchten und belehren könnte, hören sie dann auf ihn? Nein, sie sperren ihn sogar ein, verbrennen oder kreuzigen ihn. Aber wenn man ein Unmensch ist, der sie zum Leiden führt, empfangen sie ihn mit offenen Armen, jubeln ihm zu und geben ihm selbst die Macht, sie zu vernichten. Wenn ihr die Geschichte studiert, werdet ihr sehen, dass die Menschen jene suchen, die sie zum Leiden bringen.

Die Annalen der Einweihungslehre berichten, dass viele Zivilisationen untergegangen sind, von denen manche – wie zum Beispiel die Atlanter – in Kultur und Technik viel weiter entwickelt waren als wir. Sie sind nur untergegangen, weil die Personalität dazu neigte, alles zu beherrschen und gewaltsam zu unterdrücken.

Diese Neigungen kommen heute immer stärker zum Ausdruck, und das ist ein sehr schlechtes Zeichen für die Zukunft der Menschheit. Überall wollen Staaten oder Parteien regieren und die anderen unterdrücken, überall werden mehr und mehr Waffen hergestellt, die immer mörderischer werden. Nur in der Rüstungsindustrie gibt es keinen Stillstand. Jedes Land produziert Waffen für seinen eigenen Bedarf und zum Verkauf an andere. Ganz Afrika ist voller Waffen, die andere Länder ihm verkauft haben. Diese Länder sind zufrieden; sie haben sich bereichert. Aber warum denken sie nicht daran, dass sie eines Tages unter den katastrophalen Folgen ihrer Waffenverkäufe werden leiden müssen?

Der in der Ewigkeit lebenden kosmischen Intelligenz kommt es nicht auf eine einzelne Zivilisation an. Zahlreiche sind schon verschwunden, und wenn diese ebenfalls durch ihre eigene Schuld unterginge, würde das die kosmische Intelligenz nicht weiter stören. Sie würde mit einigen Überlebenden eine neue begründen. Es liegt an uns, uns nicht selbst zu zerstören. Wenn wir uns auf unseren eigenen Untergang versteifen, bleibt die kosmische Intelligenz ungerührt, schaltet sich nicht ein und lässt uns gewähren.

Man kann nicht leugnen, dass die Menschheit einen sehr hohen Entwicklungsgrad erreicht hat, und diese Entwicklung verdankt sie dem Intellekt. Der Intellekt selbst ist neutral, er ist weder gut noch schlecht. Wenn er jedoch im Dienst der Personalität steht – was meistens der Fall ist –, wird er zum wirksamsten Werkzeug der Verwirklichung ihrer verderblichsten Pläne. Dank der außerordentlichen Entwicklung der intellektuellen Fähigkeiten kann die Personalität ihre übelsten Neigungen immer besser verwirklichen, das heißt, alles an sich reißen und alles vernichten, was Widerstand leistet.

Wenn ich Abgeordnete von politischen Parteien oder Gewerkschaften reden höre, sage ich mir: »Mein Gott, was bilden die sich ein! Ihr Handeln wird nie zu Resultaten führen! Und warum nicht? Weil sie keine Vorbilder sind. Sie sind ehrgeizig, haben Vorurteile. Ihre Personalität wird herrschen! « Sie werden sagen, sie seien sehr intelligent und könnten gut reden... Gewiss, aber das genügt nicht. Sie wissen zwar über Politik, Geschichte und Wirtschaft

Bescheid, aber sie lassen sich von ihrer Personalität leiten. Wenn dagegen ihre Individualität die Leitung übernähme, dann könnten sie etwas erreichen. Aber haben sie überhaupt eine Ahnung davon, dass sie eine höhere Natur besitzen, die alles in die Hand nehmen sollte?[2]

Solange ein Mensch von Ehrgeiz, Eigennutz, Eitelkeit und Rachegefühlen angetrieben wird, kann er kein guter Regierungschef sein... Unter diesen Bedingungen kann er dem Volk nie das Glück bringen. Ja, wenn es darum geht, den Leuten etwas vorzumachen, damit man ihre wahren Absichten nicht durchschaut, formulieren alle wunderbare Sätze, in denen vom Heil des Vaterlandes, dem Glück der Menschen, einer wahren Gerechtigkeit und so weiter die Rede ist. Aber die Wahrheit können sie nicht sagen, denn sie können sich wohl vorstellen, dass niemand sie wählen würde, wenn sie ihre Begierden und ihre Herrschsucht offen gestehen und sich so geben würden, wie sie wirklich sind. Das wissen sie und deshalb bluffen, lügen und täuschen sie.

In der Vergangenheit konnten Menschen wie Dschingis Khan, Attila oder Tamerlan alles bekommen, was sie wollten, selbst wenn sie sich so zeigten, wie sie wirklich waren. Das waren andere Zeiten, andere Gesinnungen: je grausamer, ungerechter und unerbittlicher ein Führer war, desto größer waren seine Erfolgschancen. Heute ist dies anders; wenn man sich nicht hinter annehmbaren, vernünftigen und sogar großherzigen Zielen verbirgt, ist man verloren. Deshalb bemüht man sich heute, ein annehmbares Verhalten zu erlernen, um einen guten Eindruck auf das Publikum zu machen und seine Opfer leichter anzulocken; und sobald man sie gewonnen hat, verschlingt man sie... Das ist ganz leicht, denn die Opfer haben weder Eingebung noch Verstand oder Kenntnisse. Mit Methode und Zeit kann sogar ein Unehrlicher fast jeden Beliebigen überzeugen, vorausgesetzt, dass er seine wahren Absichten nicht zeigt.

Wenn man Wesen mit wirklich selbstlosen Beweggründen finden will, muss man sich an große Eingeweihte wenden, die dafür Beweise geliefert haben, die sich geläutert, die gelitten und alles besiegt haben; bei anderen sollte man lieber ein bisschen misstrauisch sein. Wenn die höhere Natur des Menschen die niedere besiegt hat, kann man ihm vertrauen, aber nie vorher.[3] Vorher muss man misstrauisch sein, egal, was man euch erzählt. Auch ich sage euch nicht, dass ihr mir vertrauen, glauben und mir folgen sollt, sondern nur: »Kommt, lebt mit mir und überzeugt euch selbst.« Und wenn ihr mich monate- oder jahrelang beobachtet habt und glaubt, mir vertrauen zu können, dann ist es euch überlassen, mir zu folgen. Aber ich habe nie verlangt, dass man mir vom ersten Tag an folgen soll.

Anmerkungen

1. Siehe auch Band 203 der Reihe Izvor »Die Erziehung beginnt vor der Geburt«, Kapitel 11: »Erziehung und Unterricht«.
2. Siehe auch Band 213 der Reihe Izvor »Die menschliche und göttliche Natur in uns«, Kapitel 8: »Die Stimme der göttlichen Natur«.
3. Siehe auch Band 239 der Reihe Izvor »Die Liebe ist größer als der Glaube«, Kapitel 10: »Worauf das wahre Vertrauen gründet«.

Gewiß, wenn man meine Vorträge anhört und über die Ereignisse Bescheid weiß, die heute auf der ganzen Welt geschehen, findet man, dass die von mir behandelten Themen nichts mit der Aktualität zu tun haben. Man sagt sich: »Was erzählt er uns denn da? Wenn er wüsste, was in Polen, im Libanon oder sogar in Frankreich passiert, dann würde er nicht über solche belanglosen Sachen sprechen.« Gerade diesen Punkt hat man nicht begriffen, denn ich gebe euch im Gegenteil die Grundlage aller Dinge: Methoden, Mittel und Schlüssel, um alle Lebensprobleme zu lösen.

Was nützt es, wenn ich über die Geschehnisse rede? Es gibt so viele, die darüber sprechen, ohne eine Lösung anzubieten! Es handelt sich um Feststellungen, Statistiken und Berichte, die nichts ändern können, und Gott allein weiß, ob sie überhaupt wahr sind! Ich überlasse also anderen diese Fragen und kümmere mich nur um das Wesentliche, um das, was für alle Ewigkeit gültig ist. Der Mensch hat einen physischen Körper, einen Willen, ein Herz, einen Verstand, eine Seele und einen Geist. Die Frage ist demnach folgende: Wie soll er mit den verschiedenen Bereichen, mit denen er ständig verbunden ist, umgehen? Ja, egal, was geschieht, der Mensch wird ewig vor den gleichen Problemen stehen: Wie soll er denken, fühlen, handeln, lieben, erschaffen...

Ich habe also das wichtigste Thema gewählt, und zwar das menschliche Wesen. Die anderen sehen nicht, wie wichtig dieses Thema ist, und verlieren ihre Zeit und Kraft mit Geschichten, die jeder kurz darauf wieder vergessen hat. Ja, der menschliche Hang zum Vergänglichen ist wirklich erstaunlich. Man interessiert sich zum Beispiel leidenschaftlich für eine neue Regierung, aber wie lange wird diese bestehen bleiben? Nach einigen Monaten wechselt sie, und man muss sich um eine neue kümmern... Und die politischen Parteien? Die einen tauchen auf, die anderen gehen unter oder wechseln ihren Namen... Und wenn ihr sie nicht kennt und nicht wisst, wer sie leitet, verachtet man euch. Wenn ihr keine Ahnung von der göttlichen Welt habt, spielt das überhaupt keine Rolle, aber wenn ihr nicht über das wirre Zeug der Politiker informiert seid, das sie einander im Fernsehen an den Kopf geworfen haben, ist das schlimm... Wie erbärmlich und kläglich! Wie können solche Geschichten den Menschen in Bezug auf ihre wahre Zukunft helfen, um ihnen Frieden, Licht und Unsterblichkeit zu bringen?!

Sie werden sagen: »Wir wollen unserem Land doch helfen!« Auf diese Art geht das nicht; man hat den Menschen auf diese Art noch nie helfen können. Man bildet sich nur ein, ihnen zu helfen... Nein, Diskussionen und politischer Wirrwarr bringen uns nicht weiter, sondern führen nur zu Unzufriedenheit, Zorn, Streik und Aufständen. Was hat die Politik verbessert? Die Krankenhäuser sind mit Kranken überfüllt, in den Gerichten häufen sich die Prozesse, und bald wird jeder Einwohner einen Polizisten brauchen.

Für Tausende von Menschen in der Welt steht die Politik an erster Stelle. Sie kümmern sich Tag und Nacht nur um Politik. Und welche Lösungen finden sie? Keine... außer der Mitgliedschaft bei einer Partei! Das ist dann rühmlich; fantastisch, zu einer Partei zu gehören. Darauf ist man dann stolz! Löst die Partei aber wirklich die Probleme? Handelt sie gut und richtig? Danach fragt man nicht. Sowie man einer Partei beigetreten ist, fühlt man sich stark, selbstsicher und ist aufgeblasen. Dieser Stolz ist jedoch oft von kurzer Dauer, denn wenn die Partei nicht siegt, werden die Mitglieder kleinlaut. Ihr ganzer Ruhm glich einer Seifenblase.

Seid ihr mit mir einverstanden? Nein, das glaube ich nicht. Gut, wie ihr wollt, ihr müsst aber wissen, dass die augenblicklichen Tendenzen mehr oder weniger in Richtung Anarchie gehen. Könnten die Menschen nur sehen, wie weit sie von der Wahrheit entfernt sind! Aber sie irren sich alle zu gerne und haben Illusionen, auch wenn sie zu nichts führen, sind stark beschäftigt und geben sich dem Eindruck hin, dass sie etwas unternehmen... Wenigstens rühren sie sich, sie bleiben nicht passiv. Gewiss, man muss etwas tun, aber man sollte wenigstens die beste Tätigkeit auswählen.

Wenn ihr irgendwo auf der Straße oder in einem Zug von Politik reden, werdet ihr sehen, dass alle, Alt oder Jung, ihre Meinung zum Besten geben. Mein Gott, welche Ideen können sie schon bei ihrem stark eingeschränkten und ichbezogenen Leben vertreten? Und wenn ihr die Parteichefs anhört, merkt ihr, dass jeder den anderen beschuldigt, das Land in den Abgrund zu stürzen und die Bürger zu benachteiligen. Nur sie selbst denken und leben für das Vaterland. Sind sie wirklich aufrichtig, reden sie wirklich im Interesse ihres Landes und ihrer Mitbürger oder nur für sich selbst, zum Stimmengewinnen? Und wenn sie erst einmal gewählt sind, wird man schon sehen, was einem blüht. Leider sieht man immer wieder das Gleiche!

Es gibt deshalb immer mehr Parteien, weil man sich über die »Interessen« des Landes nicht einig ist. Aber was sollen alle diese Aufteilungen? Man muss das Ganze sehen, nur ein einziges und endgültiges Ziel verfolgen, sich nicht bei einer einzelnen Frage aufhalten und sich um ein Einzelziel streiten, das sowieso bald durch andere ersetzt wird.

Ich behaupte nicht, dass alle sich irren. Nein, jeder hat aus seiner Sicht recht. Aber dem Ganzen gegenüber machen alle Fehler.[1] Ein Egoist, der nicht auf die Interessen der anderen achtet, richtet die Dinge so ein, dass seine Wünsche und Begierden befriedigt werden. Dies werfen die anderen ihm unweigerlich vor, was er seinerseits nicht begreifen kann, denn für ihn war alles ordnungsgemäß, perfekt und logisch. Das Gleiche gilt für die politischen Parteien. Alles, was sie sagen, ist von ihrem Standpunkt aus absolut wahr und logisch, aber dem Ganzen, dem universellen Standpunkt gegenüber ist es nicht mehr wahr.

Wenn ein Kind etwas haben will, ist es von seinem Recht überzeugt und weiß nicht, warum seine Eltern sich seinen Wünschen widersetzen. Soweit das Kind die Dinge erfassen kann, sind seine Wünsche absolut logisch und gerechtfertigt. Und sobald es merkt, dass bösartige und verständnislose Menschen ihm Hindernisse in den Weg legen, lehnt es sich auf. Das Gleiche passiert auf der ganzen Welt. Jeder ist sich selbst der Nächste. Der eine sagt: »Meiner Ansicht nach ist es so...«, der andere sagt: »Meiner Ansicht nach ist es anders!«... Ja, aber diese Ansichten sind so begrenzt! Jetzt sollte man sein Auffassungsvermögen erweitern und die Dinge nicht nur aus seiner eigenen Sicht, seinen eigenen Wünschen entsprechend sehen, sondern sich in die Lage der anderen versetzen, um die eigenen Ansichten zu ändern oder zu ergänzen. Erst dann entdeckt man die Wahrheit und stellt fest, dass alle recht und gleichzeitig unrecht haben; das heißt ihrer eigenen Sichtweise entsprechend haben sie recht, aus der Sicht der kosmischen Gemeinschaft aber haben sie unrecht.

Solange der Mensch kein ausreichendes und uneigennütziges Bewusstsein hat, sieht er alles nur aus seiner eigenen Sicht; seine Wahrheit ist jedoch nur ein Teil der Wahrheit. Folglich irren die politischen Parteien sich, weil jede die Dinge nur vom eigenen Standpunkt aus beurteilt. Wenn sie die Wirklichkeit sehen könnten, wären sie nicht so stolz auf sich! Man sollte versuchen, einen universellen Blickpunkt anzustreben, sonst irrt man sich, und eines Tages wird einem das Leben selbst beweisen, dass man sich getäuscht hat.

Ich habe nichts gegen die Politik, ich verstehe sie nur anders. Kann man von jemandem, der weder die Struktur des Menschen noch seine Verbindung zu den kosmischen Kräften kennt, wirklich etwas Gutes für sein Land erwarten, wenn man ihm die Macht anvertraut? Solange er diese Verbindung noch nicht in sich selbst hergestellt hat, wie soll er sie dann für eine ganze Nation verwirklichen? Wie soll ein Unwissender andere belehren, wie soll ein Schwächling ihre Lasten tragen oder wie soll ein unreiner Mensch andere läutern? Das ist unmöglich. Nun, das Gleiche gilt für die Politiker; auch sie können dem Volk keine Zufriedenheit bringen, solange sie nicht in einer Einweihungsschule unterrichtet worden sind. Dort lernen sie, dass ein wahrer Politiker zuallererst seine Kenntnisse vom Menschen und von der Natur vertiefen und die göttlichen Gesetze beachten muss, dass er keine eigennützigen Ziele oder persönliche Leidenschaften verfolgen darf.

Alle reden davon, dem Vaterland zu dienen, aber oft sind es nur leere Worte. Sie denken hauptsächlich an ihre eigenen Taschen, an ihr Ansehen und ihre Macht; sie wollen gewinnen und bahnen sich mit allen Mitteln den Weg zum ersten Platz. Während andere, die fähiger wären, aber diese Mittel nicht besitzen, im Schatten bleiben. Ich bin kein Gegner der Politik, aber für mich ist die einzig gültige Politik die der Eingeweihten, denn sie haben die menschliche Natur studiert – ihre Kräfte und Schwächen, ihre Bedürfnisse sowie die spirituellen, gefühlsmäßigen, moralischen und wirtschaftlichen Verhältnisse, in denen sie sich entfalten kann. Ohne diese Kenntnisse kann die Politik nur zu blutigen Zusammenstößen führen.

Seht, selbst der berühmte Karl Marx, der so gepriesen wird und dem so viele folgen, wird bald mit seiner ganzen Gesellschaft Bankrott machen. Ja, denn man kann nicht alle Probleme der Menschen durch Klassenkampf, Kollektivierung der Produktionsmittel usw. lösen. Karl Marx war bestimmt ein Genie, das kann keiner leugnen, aber dass er nicht alles vorausgesehen hat, dass er kein göttliches Leben geführt hat und kein Eingeweihter war, das ist ebenso gewiss. Ich gebe zu, dass man auf jedem Gebiet des sozialen und wirtschaftlichen Lebens Spezialisten braucht, aber vor allen Dingen braucht man an der Spitze Eingeweihte, die vielleicht keine Spezialisten sind, die aber das Wesentliche kennen.

Ihr seid erstaunt? Nehmt zum Beispiel meinen Fall. Auf dem Gebiet der Organisation der Volkswirtschaft oder der Finanzen gibt es auf der Welt keinen Unwissenderen als mich. Da habe ich keine Ahnung. Wovon dann sonst? Nun, ich weiß nur eines, aber das ist das Wichtigste: wie man das Wasser zum Fließen bringt, das ist alles. Und das Wasser wird dann seinen Weg finden. In diesem Augenblick entsteht eine ganze Kultur: Pflanzen, Tiere, Menschen... Man sollte das Wasser zum Fließen bringen, ohne sich um das Übrige zu kümmern. Genau das tue ich seit Jahren hier in der Bruderschaft: Ich kümmere mich darum, dass das Wasser fließt, und ihr – ja ihr – findet genau wie die Pflanzen, Vögel, Bäume, Tiere und Menschen ihren Platz. Es ist nicht meine Aufgabe, für euch einen Platz zu finden, darum darf ich mich nicht kümmern. Deshalb habe ich kein Organisationstalent. Ich kümmere mich nur um das Wasser, denn wo Wasser ist, entsteht alles andere von selbst. Und das Wasser ist die Liebe, das Leben!...[2]

Solange die Politiker glauben, dass eine gute Organisation, neue Institutionen, neue Strukturen und neue Posten genügen, um die Lage zu verbessern, werden sie nichts erreichen, weil sie das Wasser vergessen haben! Solange sie sich nicht darum kümmern, das Wasser fließen zu lassen, werden sich alle äußeren Veränderungen als unwirksam erweisen. Deshalb sollte an der Spitze ein Wesen stehen, welches dieses Wasser, diese Liebe besitzt, denn dann wissen alle Zweige der verschiedenen Tätigkeitsbereiche von selbst, was sie zu tun haben, um zum Erfolg des ganzen Unternehmens beizutragen.

Schon im täglichen Leben kann man dieses Phänomen sehr gut beobachten! Ihr wisst nicht genau, wie ihr eine bestimmte Arbeit erfolgreich beenden könnt. Aber sie macht euch Spaß, und ihr tut sie gern. Wegen dieser Liebe zur Arbeit gelingt sie euch, denn eure Liebe weiß sich zu helfen. Ohne diese Liebe könnt ihr jedoch machen, was ihr wollt, ihr kommt nie zurecht!

Es gibt Frauen, die in sämtlichen Kochbüchern nachschlagen, die besten Zutaten verwenden und doch ungenießbare Gerichte auftischen, weil sie nicht mit Liebe kochen, während andere ohne irgendwelche Rezepte mit einigen einfachen Zutaten die köstlichsten Speisen zubereiten, man weiß nicht wie, ganz einfach, weil sie es gerne tun. Das ist eben die Liebe! Andererseits bin ich natürlich nicht so naiv, nicht zu wissen, dass die Organisation eines ganzen Landes sehr komplex ist. Ja, aber wenn das Ganze funktionieren soll, müssen Licht und Liebe da sein, und das Wasser muss fließen: Unter dieser Bedingung fühlen alle sich inspiriert und wissen, was sie zu tun haben.

Seht nur, was in einer Versammlung passiert, wenn mehrere Personen über ein Projekt entscheiden sollen. Wenn sie Liebe für einander aufbringen, verstehen sie sich, und am Ende der Sitzung steht alles fest, und der Plan kann realisiert werden. Ohne Liebe werden sie jedoch nie eine Lösung finden.[3] Das ist in vielen Versammlungen der Fall, wo die Liebe fehlt. Man trifft sich ein-, zwei-, drei-, zehnmal, aber nichts kommt dabei heraus außer Missverständnisse und Streit. Wenn man jedoch die Liebe in sich trägt, genügen oft fünf Minuten, um Probleme zu lösen, die sonst jahrelang ungelöst blieben!

Warum sind die Menschen immer noch so blind? Und obendrein halten sie sich auch noch für etwas Besonderes! Nein, solange sie die Probleme nicht lösen, haben sie keinen Grund, derartig stolz zu sein. Sie müssen wissen, dass nur der Mangel an Liebe sie daran hindert, die Lösung zu finden. Aber sie glauben nicht an die Macht der Liebe. Sie glauben an die Macht des Intellekts und an die Macht der Kritik, aber gerade da irren sie sich. Man sollte nicht an die Wirksamkeit dieser Dinge glauben; sie sind sogar gefährlich. Sie sollten bei ihren Zusammenkünften und Gesprächen etwas mehr Liebe aufbringen, das genügt, um die Probleme sofort zu lösen. Dann gehen alle glücklich auseinander und sind sogar erstaunt, dass alles so einfach war.

Habt ihr schon zwei Personen miteinander diskutieren gesehen? Sie unterbrechen einander, sprechen gleichzeitig und bringen sich schließlich gegenseitig um. Ja, weil sie einander nicht zugehört haben! Jeder ist dermaßen von sich selbst eingenommen, dass er dem anderen nicht zuhören will, und dann werden beide bald nervös, verlieren die Beherrschung und werden handgreiflich. Die Menschen sind wirklich keine Psychologen oder Pädagogen. Wenn sie intelligent wären, müssten sie im Voraus wissen, was dabei herauskommt, und würden versuchen, nicht so weit zu gehen. Ein intelligenter Mensch zeigt zunächst viel Liebe, viel Wohlwollen, viel Aufmerksamkeit gegenüber dem, was man ihm sagt, um beim anderen etwas Gutes zu erwecken. Dann findet alles seine Lösung.

Abschließend kann ich euch versichern, dass die Politiker zwangsläufig Fehler machen, solange sie nicht im Einweihungswissen unterrichtet sind. Das Publikum, das ihre Debatten verfolgt, applaudiert ihnen begeistert: »Habt ihr gesehen, wie jener seinem Gegner geantwortet hat? Oho, der hat's ihm ordentlich gegeben! Er hat ihn völlig fertiggemacht! Ach, das war herrlich!« Ein Eingeweihter ist über so etwas nicht begeistert. Mit Blinden kann man alles machen, die schlucken alles, nicht aber die Eingeweihten.

Erwartet also von der Politik nicht zu viel, solange die Politiker die Einweihungslehre nicht studiert haben. Es wird immer mehr Schwierigkeiten, Zusammenstöße und Missverständnisse geben, für die sie keine Lösungen finden. Ja, ich muss euch die Wahrheit sagen, auch wenn sie einigen nicht gefällt. Solange man dieses Wissen über den Menschen, das Universum und den Schöpfer nicht besitzt, wird man nur kurzlebige Teillösungen mit unangenehmen Begleiterscheinungen finden, die man nicht voraussehen konnte.

Anmerkungen

1. Siehe auch Band 235 der Reihe Izvor »Im Geist und in der Wahrheit – Wie finde ich zu Gott«, Kapitel 2: »Das Göttliche Amt für Gewichte und Maße«.
2. Siehe auch Band 232 der Reihe Izvor »Feuer und Wasser. Wunderkräfte der Schöpfung«, Kapitel 4: »Wasser und Zivilisation«.
3. Siehe auch Band 14 der Reihe Gesamtwerke »Liebe und Sexualität«, Kapitel 22: »Die Liebe organsiert – wie die Sonne – das Leben«.

Kapitel 9

DAS REICH GOTTES

Teil 1

Warum gibt es heute so viel Unordnung? Warum diese Leere und Unzufriedenheit? Trotz allem, was sie besitzen, fühlen die Menschen sich unzufrieden und elend. Warum?... Weil sie sich benehmen, als wären sie nur Materie, nur Bauch und Geschlecht. Nur diese beiden wollen sie zufriedenstellen. Man könnte glauben, sie hätten nie erfahren, dass sie auch eine Seele, einen Geist, einen göttlichen Funken in sich tragen, etwas Wesensanderes, etwas von einer anderen Dimension, einer anderen Intensität, einer anderen Schwingung, und deren Verlangen und Bedürfnisse sie ebenfalls ergründen müssen, um verstehen zu können, was sie brauchen.

Des Menschen Seele braucht etwas anderes als sein physischer Körper. Der Mensch will ihr jedoch eine Nahrung vorsetzen, die sie nicht verdauen kann. Er gibt ihr nie, was sie verlangt. Die Seele sehnt sich nach dem unendlichen Raum, nach strahlendem Licht. Sie verlangt nach Harmonie, nach himmlischer Musik, aber der Mensch gibt ihr immer nur materielle Nahrung, deshalb dämmert sie vor sich hin, seufzt, erstickt und stirbt.

Wenn der Mensch sich erst einmal selbst kennt und begreift, dass er nicht nur einen physischen, sondern darüber hinaus mehrere feinstoffliche Körper hat, von denen jeder eine geeignete Nahrung benötigt, und die untereinander im Einklang schwingen müssen, werden diese gewandelten Vorstellungen eine Verbesserung auf allen anderen Gebieten, auf sozialer, wirtschaftlicher und politischer Ebene nach sich ziehen. Dann kann das Reich Gottes sich auf Erden verwirklichen. Solange der Mensch sich nicht selbst kennt, kann das Reich Gottes nicht kommen, denn er sucht es dort, wo es nicht ist.

Das Reich Gottes ist keine materielle, sondern geistige Verwirklichung; es ist ein Bewusstseinszustand. Deshalb ist es wesentlich, den Bewusstseinszustand durch geeignetes Wissen zu wandeln. Diese Veränderung kann sich natürlich nicht im Handumdrehen bei allen vollziehen. Bei manchen wird sie erst in Tausenden von Jahren stattfinden. Aber es genügt, dass eine Minderheit sehr weit fortgeschrittener Wesen die Vorstellungen der Universellen Weißen

Bruderschaft, des Reiches Gottes auf Erden und des Goldenen Zeitalters versteht und akzeptiert. Diese Minderheit wird dann regieren, und die anderen müssen ihr genauso zwangsläufig folgen wie der Schwanz dem Kopf!

Man wird ihnen die Möglichkeit geben, sich in diese Minderheit einzufügen, die das Reich Gottes bilden wird, und wenn sie dann das neue Leben mit seiner neuen, für alle Wesen wunderbaren sozialen Ordnung sehen, wird niemand etwas einzuwenden haben.

Das Reich Gottes muss sich also erst als Einsicht, als Licht im Kopf der Menschen äußern; dann wird es als Gefühl, als Liebe in ihr Herz einkehren; und schließlich wird es auf die materielle Ebene vordringen, wo es sich als Fülle und Frieden kundtun wird. Das ist möglich, und dafür arbeite ich. Nur verstehen mich da sehr wenige Menschen. Die meisten behalten ihre alten Ansichten und sagen: »Das ist unmöglich, man kann den Menschen nie ändern, dafür haben wir Beweise...« und sie zählen alle Geschehnisse auf, die sich in der Welt ereignen. Ja, natürlich, auch ich sehe diese Dinge und weiß genau, dass das Reich Gottes nicht kommen kann, solange diese Zustände andauern. Mit der Philosophie der Eingeweihten wird jedoch alles möglich.

Die Philosophie der Eingeweihten beruht einzig und allein auf der Kenntnis des menschlichen Wesens. Man glaubt, es zu kennen, aber in Wirklichkeit weiß man gar nichts von ihm. Deshalb sind alle Mittel, mit denen man die Probleme zu lösen versucht, bestenfalls Notbehelf. Man hat den Eindruck, die Probleme seien gelöst, aber bald darauf ziehen die vermeintlichen Lösungen andere Nachteile nach sich. Man denke nur an die Medizin: Oft bekämpft man ein Übel und löst dabei ein anderes aus. Und die Erziehung... Finden die Kinder sich dank all den Verbesserungen im Schulwesen im Leben besser zurecht? Nein, die Erziehung ist mangelhaft, weil sie die Struktur des Menschen ignoriert.

Deshalb habe ich schon immer gesagt, dass das einzige Wissen, das man sich aneignen und in das man sich vertiefen sollte, die Kenntnis des menschlichen Wesens ist. Ja, sie muss im Mittelpunkt stehen. Alle anderen Wissensgebiete wie Physik, Chemie, Mechanik, Astronomie, Biologie... sollten diesem einen Wissenszweig dienen, der zu ihren Gunsten vernachlässigt worden ist. Ihr werdet sagen: »Sind denn Anatomie und Physiologie nicht auch wichtig?« Natürlich, sie sind notwendige Grundlagen, aber sie lehren uns nicht, was der Mensch wirklich in seiner Ganzheit ist.[1]

In Zukunft sollte man sogar seine Einstellung zur Wissenschaft ändern und das menschliche Wesen mit der ihm innewohnenden Göttlichkeit in den Mittelpunkt seiner Studien stellen. Erst wenn dem Menschen bewusst ist, dass alles sich um dieses göttliche Zentrum in ihm drehen muss, wird er seine Probleme lösen können. Aus diesem Grund betone ich immer wieder, wie wichtig dieses göttliche Zentrum ist, um das alle Zellen, alle Teilchen sich organisieren müssen. Denn hier liegt das Geheimnis: Man muss alle die verschiedenartigen, sich in alle Richtungen zerstreuenden Elemente zurückrufen, damit sie wie die Planeten um die Sonne kreisen. Ja, erst dann kann man von Ordnung, Glück und Frieden, vom Reich Gottes sprechen, denn dann gibt es einen Mittelpunkt, eine Sonne, einen Kern, um den alle anderen Elemente ihren Platz und ihre Bahn finden, ohne aufeinanderzustoßen.

Ich habe absolutes Vertrauen in die Philosophie der Eingeweihten. Ja, völliges Vertrauen, denn sie ist die einzige, die Hand und Fuß hat, wenn man sie genau studiert und mit allem vergleicht, was sonst noch existiert. Alles andere ist nicht hieb- und stichfest. Ihr seht, das ist so einfach zu verstehen: Wenn man dem Menschen den Mittelpunkt wegnimmt, das heißt seinen Geist, seine Seele, wird er zur Leiche, und sein ganzer Körper zersetzt sich. Es gilt also, dieses zentrale Atom zu finden, das da ist, in uns, lebendig und vibrierend, und alles andere auf diesen Mittelpunkt auszurichten, denn er allein ist imstande, Ordnung und Frieden aufrechtzuerhalten.[2]

Wie oft hört man die Leute sagen: »Ich habe den Kopf verloren!«Ja, sie verlieren ihren Kopf. Sie beherrschen sich nicht und wissen nicht mehr, was sie reden oder tun. Sie haben nichts mehr unter Kontrolle und machen Dummheiten, die sie nachher wieder gutmachen müssen. Natürlich ist hier der Kopf nur ein Symbol; es könnte genauso gut heißen: »Ich habe mein Herz verloren«, denn das Herz ist ja auch ein Zentrum.

In Wirklichkeit kommt es gar nicht so sehr auf die Worte an (egal, ob man vom Kopf oder vom Herzen redet) sondern darauf, was man hier verloren hat, nämlich das göttliche Zentrum. Und schon breitet sich die Unordnung aus: eine Flucht in alle Richtungen, die Auflösung. Alle Zellen werden gewahr, dass der Kopf, der Chef nicht mehr da ist, und sehen den Moment gekommen, zu machen, was ihnen passt. Sie werden dann zu Feinden des Menschen und bedrohen ihn. Vorher waren alle Zellen des Herzens, der Lunge, der Arme und Beine lieb und folgsam und standen in seinen Diensten, und nun wollen sie ihn fast umbringen. Er liegt im Bett, und sie sagen zu ihm: »Ah, so ist es recht... Jetzt verstehst du, nicht wahr?« und freuen sich. Aber sobald er das Zentrum, den Geist wieder einsetzt, machen sich alle schnell wieder harmonisch an die Arbeit.

Wenn die Menschen endlich eines begreifen müssen, dann sind es weder die Mikroben noch die Sterne, sondern wie sie den Geist ständig im Mittelpunkt aller ihrer Handlungen bewahren können. Nur unter dieser Voraussetzung können sie in Fülle und Frieden leben, und dies wird dann das Reich Gottes sein.

Anmerkungen

1. Siehe auch Band 222 der Reihe Izvor »Die Psyche des Menschen« und Band 219 »Geheimnis Mensch«.
2. Siehe Band 218 der Reihe Izvor »Die geometrischen Figuren und ihre Sprache«, Kapitel 2: »Der Kreis«.

Es gibt keine wichtigere und ruhmreichere Tätigkeit für den Menschen, als die ganze Macht seines Verstandes, seines Herzens und seines Willens einzusetzen, um das Reich Gottes auf Erden zu verwirklichen. Leider findet man nicht viele Kandidaten für diese Arbeit. Dagegen sieht man mehr und mehr in der Welt Äußerungen einer entfesselten Personalität: Hochmut, Eitelkeit, Anmaßung... Jeder verfolgt bereits seine eigenen Ziele, seine eigenen Bestrebungen, und das Reich Gottes wird beiseitegelassen.

Deshalb ist es so wichtig, dass wir hier in der Universellen Weißen Bruderschaft einen lebendigen, starken Kern für die Verwirklichung des Reiches Gottes bilden. Auf diese Weise können wir andere Gehirne, andere Seelen beeinflussen. Und wenn eines Tages die Kinder des Lichts durch das gleiche Denken und das gleiche Ziel miteinander verbunden sind, werden sie die Waage auf ihre Seite neigen, und sie werden über alle Menschen, die nur nach Vernichtung und Chaos verlangen, den Sieg davontragen.

Ihr werdet sagen: »Aber warum greift der Himmel nicht selbst ein, um die Welt zu ändern?« Gewiß, das könnte er tun, aber ohne das Einverständnis und den guten Willen der Menschen wäre es unnütz. Sie würden es nicht verstehen, es nicht schätzen und alles wieder zerstören. Wenn dagegen der Wille zu einer Veränderung von ihnen selbst ausgeht und sie aufgrund der durchgestandenen Leiden und auferlegten Lektionen den Zustand der Dinge wirklich verbessern wollen, kommt alles automatisch. Die unsichtbare Welt wird andere Kräfte, andere Schwingungen, andere Energieströme auslösen, und man wird eine gewaltige Veränderung erleben. Aber diese Veränderung muss von den Menschen ausgehen. Sie müssen sich gemeinsam entschließen, für das Eingreifen der kosmischen Kräfte zu arbeiten. Ohne Anstrengungen erreichen sie nichts. Die göttliche Intelligenz wird sich nie in die Angelegenheiten der Menschen einmischen, nur weil sie Spaß daran hat. Nein, die Menschen müssen sie darum bitten.

Deshalb solltet ihr bei jedem Treffen den Wunsch haben, die himmlischen Kräfte anzuziehen, damit das Reich Gottes verwirklicht wird. Solange jeder nur mit seinen persönlichen Sorgen beschäftigt ist – seiner Heirat, seiner Wohnung, seinem Beruf oder seinem Konkurrenten –, haben diese uneinheitlichen Wünsche und Gedanken nicht die Kraft, günstige Energien im Kosmos auszulösen.

Sie bewirken nichts. Wenn wir Resultate erzielen wollen, müssen wir uns alle auf dasselbe Ziel konzentrieren.

In der Konzentration liegt eine sehr große Kraft. Wenn man die Sonnenstrahlen mit der Lupe auf einen Punkt konzentriert, kann man einen ganzen Wald in Brand stecken. Aber man muss sie konzentrieren. Wenn wir zusammenkommen, sollten wir dabei etwas erreichen, denn sonst ist unsere Zusammenkunft unnütz und sogar sinnlos. Wenn wir mit den von der Gemeinschaft erzeugten Kräften nichts anfangen, können wir genauso gut zu Hause bleiben. Warum sollte man sein Leben mit unnützen Beschäftigungen verbringen? Wenn man kein Ergebnis erzielen will, ist es sinnlos, weiterzumachen. Meine Aufgabe besteht gerade darin, euch aufzuklären, euch die Richtung zu weisen und euch zu ermutigen, damit wir die bestmöglichen Ergebnisse erzielen.

Es kommt darauf an, seiner spirituellen Arbeit immer ein Ziel zu setzen und sich zu sagen: »Ich meditiere, ich denke, ich bete aus diesem oder jenem Grund.« Ja, gebt den Grund, das Ziel an, damit all diese Kräfte nicht irgendwo verloren gehen! Auf diese Weise werden die Gedanken gehorsam, sie werden euch zu Diensten sein. Die Gedanken lassen sich nur sehr schwer zähmen; sie gleichen einem ausgebrochenen Pferd. Wenn man jedoch täglich übt, werden sie schließlich zahm, gehorsam und ergeben. Da wir hier zahlreich und oft zusammenkommen, wird man von unseren ausgestrahlten Energien Notiz nehmen, sie registrieren und sie in göttlichen Behältern sammeln... Und eines Tages werdet ihr das Ergebnis sehen. Wann? Das ist nicht unsere Angelegenheit.

Das Reich Gottes, das Goldene Zeitalter wird kommen, das kann ich versichern... Jedes aufrichtige, innige und selbstlose Gebet wird erhört, aber nur allmählich. Es ist ein kontinuierlicher, sich verstärkender Vorgang, denn ihre Bitten können sich nicht von einem Tag auf den anderen verwirklichen. Sowie man betet, beginnen sie sich zu realisieren, aber es dauert sehr lange, bis sie vollständig verwirklicht sind. Wenn man einen Samen in den Boden legt, beginnt bereits sein Wachstum. Bevor aus ihm jedoch ein Baum wird, vergehen Jahre. Dennoch ist der Wunsch erhört, denn er wächst ja bereits. Wenn man um das Reich Gottes und Seine Gerechtigkeit bittet, kann es sich unmöglich am selben Tag realisieren, denn es handelt sich um einen riesengroßen Baum, der nicht auf einen Schlag sprießt.[1] Aber er ist bereits gepflanzt, der Samen liegt im Boden, und der Baum wächst. »Aber ich sehe ihn nicht.« Ja, wenn ihr natürlich kurzsichtig seid... Aber ich sehe, wie er wächst.

Wenn ihr nun morgens zum Sonnenaufgang kommt, solltet ihr euch auf das Reich Gottes konzentrieren. Wünscht das Reich Gottes, nichts anderes, denn das Reich Gottes ist ein Zustand der Vollkommenheit, der Fülle. Alles ist darin enthalten: Gesundheit, Reichtum, Schönheit, Ordnung, Freiheit, Frieden, Gleichgewicht, Harmonie, Glück... Anstatt all dies aufzuzählen, ist es einfacher, vom Reich Gottes zu sagen, dass es die Zusammenfassung allen Segens ist. Der eine sagt: »Ach, wenn ich mächtig wäre!... Wenn ich reich wäre!... Wenn ich schön wäre!« Aber das sind alles nur einzelne Bereiche und Merkmale des Reiches Gottes.

Übrigens muss man achtgeben, denn sobald man etwas Bestimmtes wünscht, stört man das Gleichgewicht. Das Reich Gottes ist vor allem ein Zustand der Ausgeglichenheit und Harmonie, und sobald man sich auf eine einzelne Sache auf Kosten einer anderen konzentriert, legt man schon den Keim zur Unausgeglichenheit... Alles, was unsere Seele, unser Geist, unser Herz, unser Verstand und unser physischer Körper brauchen, ist in der Verwirklichung des Reiches Gottes enthalten.

Jesus sagte: »Trachtet zuerst nach dem Reich Gottes und nach Seiner Gerechtigkeit, so wird euch das alles zufallen« (Mt 6,33). Ja, denn sobald man für eine göttliche Idee arbeitet, wirkt sie schon auf einen ein und bringt alles, was sie enthält. Wenn man nur einer einzigen Idee folgt, wird diese Idee, die in der göttlichen Welt des Lichts zu Hause ist, uns trotz all unserer Mängel, Schwächen und Unwissenheit mit neuen Freunden in Verbindung bringen, uns andere Geschöpfe und Regionen kennenlernen lassen, und auf diese Weise bringt diese alleinige Idee nach einiger Zeit den ganzen Himmel. Allein der Gedanke an das Reich Gottes... und schon verbindet diese Idee uns mit allen anderen Ideen, die mit ihr im Einklang stehen, und alles andere folgt nach. Das meinte Jesus mit dem Satz: » Trachtet zuerst nach dem Reich Gottes und nach Seiner Gerechtigkeit, so wird euch das alles zufallen« (Mt 6,33). Zwischen dem Beginn und dem Ende des Satzes ist ein ganzes Reich zu erforschen.

Dies ist eine der wichtigsten Wahrheiten des Einweihungswissens: Eine Idee, die in sich begrenzt ist, kann andere Reichtümer bringen, die sie selbst nicht enthält. Ja, das stimmt, denn sie verbindet uns schon mit zahlreichen anderen Ideen, die mit ihr in Harmonie schwingen. Nach und nach stellen diese anderen Ideen sich ein, und da jede – symbolisch gesehen – ein Grundstück hier, eine Wohnung dort hat, kommt man aufgrund einer einzigen Idee zu allen anderen Reichtümern. Ja, denn oben ist alles miteinander verbunden; es gibt keine Trennungen, und wenn nur eine einzelne Idee angesprochen wird, werden alle anderen mit einbezogen. Sobald man gute Beziehungen zu einer Idee hat, sie liebt, sie ernährt und sie herbeiwünscht, verbindet sie sich mit allen anderen Ideen, die uns ihrerseits zuschicken, was sie besitzen. Ihr seht, dass zwischen dem Anfang und dem Ende des Satzes: »Bittet um das Reich Gottes und

Seine Gerechtigkeit, und alles Übrige wird von Ihm hinzugefügt«, ein leerer Raum liegt, den ich für euch füllen kann.

Heute sage ich euch, was aus der Verheißung des Evangeliums nicht hervorgeht: wie uns alles Übrige hinzugegeben wird. Dies geschieht dank einer besonderen magischen, magnetischen Anziehung zwischen einer erhabenen Idee und allen anderen Ideen, die ihr ähnlich sind, und auch weil sie immer Vertreter hier auf Erden hat, die immer in Bereitschaft sind. Aus diesem Grund werdet ihr alles Übrige erhalten.

Selig ist, wer mich verstanden hat! Wir müssen hier täglich gemeinsam um das Reich Gottes bitten. Natürlich kann man auch darum bitten, wenn man alleine ist, aber allein kann man nicht diese starken Kräfte erzeugen, es sei denn, man kennt andere Gesetze. Wer allein ist, muss wissen, dass er allein nie etwas erreichen wird, und dass er sich in Gedanken an die Gemeinschaft der in der ganzen Welt zerstreuten Menschen anschließen sollte, die ununterbrochen in diese Richtung arbeiten. Allein kann man in diesem Bereich überhaupt nichts erreichen. Selbst wenn man nicht immer mit anderen zusammen sein kann, sollte man sich wenigstens in Gedanken mit ihnen verbinden und hoffen, dass noch viele andere Gehirne mit uns im Einklang schwingen und auf unseren Ruf antworten.

Denn die echte Evolution führt zur Gemeinschaft hin. Wer sich in der Gemeinschaft entfaltet, macht wunderbare Fortschritte.[2] Wer sich dagegen in der Gemeinschaft unglücklich und beengt fühlt und sich rein intellektuell durch Lesen und Lernen alleine fortentwickeln will, beweist, dass er nur von seiner Personalität geleitet ist. Man muss die Gemeinschaft lieben und sich in ihr wie ins Meer getaucht fühlen, in dem alle Seelen im Einklang schwingen. Ja, es geht um einen Evolutionsschritt. Früher oder später müsst ihr gewisse persönliche Neigungen besiegen und aufgeben, euch lösen, damit ihr endlich sagen könnt: »Ich bin ein kollektives Wesen. Ich bin keine Raupe mehr, sondern ein Schmetterling!« Dann könnt ihr die Erde verlassen und zu anderen Planeten und Sternen reisen.

Anmerkungen

1. Siehe auch Band 236 der Reihe Izvor »Weisheit aus der Kabbala – Der lebendige Strom zwischen Gott und Mensch«, Kapitel 9: »Das Reich Gottes gleicht einem Senfkorn«.
2. Siehe auch Band 11 der Reihe Gesamtwerke »Der Schlüssel zur Lösung der Lebensprobleme«, Kapitel 22: »Das Wirken für die weltweite Verbrüderung«.

Vom selben Autor:

Taschenbuch-Reihe Izvor

200 – Hommage an Meister Peter Deunov

O. M. Aivanhov erzählt von seinen Erlebnissen mit seinem Meister Peter Deunov.

201 – Auf dem Weg zur Sonnenkultur

Die Sonne, Begründerin der Kultur / Surya-Yoga / Die Suche nach dem Zentrum / Die nährende Sonne / Der Solarplexus / Der Mensch, Abbild der Sonne / Die Geister der sieben Lichter / Die Sonne als Vorbild / Die wahre Sonnenreligion.

202 – Der Mensch erobert sein Schicksal

Das Gesetz von Ursache und Wirkung / »Du sollst das Feine vom Dichten sondern« / Entwicklung und Schöpfung / Menschliche und göttliche Gerechtigkeit / Das Gesetz der Entsprechungen / Die Gesetze der Natur und die Gesetze der Moral / Das Gesetz der Einprägung / Die Reinkarnation.

203 – Die Erziehung beginnt vor der Geburt

Zuerst müssen die Eltern erzogen werden / Die Erziehung beginnt vor der Geburt / Ein Entwurf für die Zukunft der Menschheit / Kümmert euch um eure Kinder / Eine neues Verständnis der mütterlichen Liebe / Das magische Wort / Ein Kind braucht immer eine Beschäftigung / Die Kinder müssen auf ihr künftiges Lebens als Erwachsene vorbereitet werden /Der Sinn für das Zauberhafte soll dem Kind erhalten bleiben / Liebe ohne Schwäche / Erziehung und Unterricht.

204 – Yoga der Ernährung

Die Ernährung betrifft das ganze Wesen / Hrani-Yoga / Die Nahrung, ein Liebesbrief des Schöpfers / Die Auswahl der Nahrung / Der Vegetarismus / Die Ernährung und ihre Moral / Das Fasten / Vom Abendmahl / Der Sinn der Segnung / Die Arbeit des Geistes an der Materie / Das Gesetz vom Austausch.

205 – Die Sexualkraft oder geflügelte Drache

Der geflügelte Drache / Liebe und Sexualität / Die Sexualkraft, Voraussetzung für das Leben auf Erden / Vom Vergnügen / Die Gefahren des Tantrismus / Lieben ohne Gegenliebe zu erwarten / Die Liebe ist im ganzen Universum verbreitet / Die geistige Liebe, eine Nahrung auf höherer Ebene / Das hohe Ideal - Transformator der Sexualkraft / Öffnet der Liebe einen Weg nach oben.

206 – Eine universelle Philosophie

Einige Erklärungen zum Begriff »Sekte« / Keine Kirche ist ewig / Hinter den Formen den Geist suchen / Die Kirche des heiligen Johannes und ihre Ankunft / Die Grundlagen einer universellen Religion / Die Große Universelle Weiße Bruderschaft / Wie man den Begriff »Familie« erweitert / Die Bruderschaft, ein höherer Bewusstseinsgrad / Die Kongresse der Bruderschaft in Le Bonfin / Jeder Aktivität eine universelle Dimension geben.

207 – Was ist ein geistiger Meister?
Wie man einen wirklichen geistigen Meister erkennt / Von der Notwendigkeit eines geistigen Führers / Spielt nicht den Zauberlehrling! / Spiritualität nicht mit Exotik verwechseln / Vom Ausgleich zwischen geistiger und materieller Welt / Der Meister, ein Spiegel der Wahrheit / Erwartet von einem Meister nur das Licht / Der Schüler vor dem Meister / die universelle Dimension eines Meisters / Die magische Gegenwart eines Meisters / Die Identifizierung / »Wenn ihr nicht werdet wie die Kinder«.

208 – Das Egregore der Taube. Innerer Friede und Weltfrieden
Ein besseres Verständnis des Friedens / Die Vorteile der Völkervereinigung / Aristokratie und Demokratie / Kopf und Magen / Vom Geld / Über die Verteilung des Reichtums / Kommunismus und Kapitalismus, zwei sich ergänzende Philosophien / Eine neue Auffassung der Wirtschaft / Was jeder Politiker wissen sollte / Das Reich Gottes.

209 – Weihnachten und Ostern in der Einweihungslehre
Das Weihnachtsfest / Die zweite Geburt / Die Geburt auf den verschiedenen Ebenen / »Wenn ihr nicht sterbt, so werdet ihr nicht leben!« / Die Auferstehung und das Jüngste Gericht / Der Auferstehungsleib.

210 – Die Antwort auf das Böse
Die beiden Bäume im Paradies / Das Gute und das Böse - Zwei Kräfte, die das Rad des Lebens drehen / Jenseits von Gut und Böse / Das Gleichnis vom Unkraut und vom Weizen / Die Philosophie der Einheit / Die drei großen Versuchungen / Die Frage der Unerwünschten / Über den Selbstmord / Das Böse durch Licht und Liebe besiegen / Sich spirituell stärken, um die Prüfungen zu überwinden.

211 – Die Freiheit, Sieg des Geistes
Die psychische Struktur des Menschen / Die Beziehungen zwischen Geist und Körper / Schicksal und Freiheit / Der befreiende Tod / Die Freiheit des Menschen liegt in der Freiheit Gottes / Die wahre Freiheit / Sich begrenzen, um sich zu befreien / Anarchie und Freiheit / Über den Begriff der Hierarchie / Die innere Synarchie.

212 – Das Licht, lebendiger Geist
Das Licht, Essenz der Schöpfung / Die Sonnenstrahlen: ihre Natur und ihre Aktivität / Das Gold, kondensiertes Sonnenlicht / Das Licht macht es möglich zu sehen und gesehen zu werden / Die Arbeit mit dem Licht / Das Prisma, Bild des Menschen / Die Reinheit öffnet dem Licht die Türen / Das intensive Leben des Lichts leben / Der Laserstrahl im geistigen Leben.

213 – Die menschliche und göttliche Natur in uns
Menschlich... oder tierisch? / Die niedere Natur, eine umgekehrte Spiegelung der höheren Natur / Auf der Suche nach unserer wahren Identität / Über die Möglichkeit, den Begrenzungen der niederen Natur zu entgehen / Die Sonne, Symbol der göttlichen Natur / Die niedere Natur beherrschen und als Energiequelle benutzen / Der höheren Natur mehr Äußerungsmöglichkeit geben: sich bessern / Die Stimme der göttlichen Natur / Der Mensch kann sich nur dann entfalten, wenn er seiner höheren Natur dient [...]

214 – Liebe, Zeugung und Schwangerschaft

Die geistige Galvanoplastik / Mann und Frau - Abbild des männlichen und weiblichen Prinzips / Die Ehe / Lieben ohne Besitzanspruch / Wie man der Liebe eine edlere Ausdrucksform gibt / Nur die geistige Liebe schützt die menschliche Liebe / Der Liebesakt aus der Sicht der Einweihungslehre / Die Sexualkraft, Bestandteil der Sonnenenergie / Die Zeugung eines Kindes / Die Schwangerschaft / Die Kinder von Verstand und Herz / Die Frau soll ihren wahren Platz wieder einnehmen / Das Reich Gottes, Kind der kosmischen Frau.

215 – Die wahre Lehre Christi

»Vater unser, der Du bist im Himmel« / »Ich und der Vater sind eins« / »Seid vollkommen, wie euer Vater im Himmel vollkommen ist« / »Suchet zunächst das Reich Gottes und seine Gerechtigkeit« / »Wie im Himmel, so auf Erden« / »Wer mein Fleisch isst und mein Blut trinkt, hat das ewige Leben« / »Vater vergib ihnen, denn sie wissen nicht, was sie tun« / »Wenn dich jemand auf deine rechte Backe schlägt…« / »Wachet und betet«.

216 – Geheimnisse aus dem Buch der Natur

Das Buch der Natur / Tag und Nacht / Quelle und Sumpf / Die Vermählung, ein universelles Symbol / Die Arbeit mit den Gedanken zur Gewinnung der Quintessenz / Die Macht des Feuers / Die entschleierte Wahrheit / Der Hausbau / Rot und weiß / Der Strom des Lebens / Das neue Jerusalem / Lesen und schreiben.

217 – Ein neues Licht auf das Evangelium

»Man füllt nicht jungen Wein in alte Schläuche« / »Wenn ihr nicht werdet wie die Kinder« / Der ungerechte Verwalter / »Sammelt euch Schätze« / »Gehet ein durch die enge Pforte« / »Wer auf dem Dach ist...« / Der Sturm, der sich gelegt hat / »Die Ersten werden die Letzten sein« / Das Gleichnis von den fünf törichten und den fünf klugen Jungfrauen / »Das ist das ewige Leben, dass sie dich erkennen, der du allein wahrer Gott bist!«.

218 – Die geometrischen Figuren und ihre Sprache

Die Symbolik der Geometrie / Der Kreis / Das Dreieck / Das Pentagramm / Die Pyramide / Das Kreuz / Die Quadratur des Kreises.

219 – Geheimnis Mensch

Die menschliche Evolution und die Entwicklung der spirituellen Organe / Die Aura / Das Sonnengeflecht / Das Harazentrum / Die Kundalinikraft / Die Chakras.

220 – Der Tierkreis, Schlüssel zu Mensch und Kosmos

Der vom Tierkreis abgegrenzte Raum / Die Entwicklung des Menschen und der Tierkreis / Der planetarische Zyklus der Stunden und Wochentage / Das Kreuz des Schicksals / Die Achsen Widder-Waage und Stier-Skorpion / Die Achse Jungfrau-Fische / Die Achse Löwe-Wassermann / Wasser- und Feuerdreieck / Der Stein der Weisen: Sonne, Mond und Merkur / Die 12 Stämme Israels und die 12 Heldentaten des Herkules in Verbindung mit dem Tierkreis.

221 – Alchimistische Arbeit und Vollkommenheit

Die geistige Alchimie / Der menschliche Baum / Charakter und Temperament / Das Erbe aus dem Tierreich / Die Angst / Die Klischees / Die Veredelung / Die Verwendung der Energien / Das Opfer, Umwandlung der Materie / Eitelkeit und göttlicher Ruhm / Hochmut und Demut / Die Sublimierung der Sexualkraft.

222 – Die Psyche des Menschen

»Erkenne dich selbst« / Eine synoptische Tafel / Von Seelen und Körpern / Herz, Intellekt, Seele und Geist / Die Schulung des Willens / Körper, Seele und Geist / Äußeres und inneres Erkennen / Vom Intellekt zur Intelligenz / Die wahre Erleuchtung / Der Kausalkörper / Das Bewusstsein / Das Unterbewusstsein / Das höhere Ich.

223 – Geistiges und künstlerisches Schaffen

Kunst, Wissenschaft und Religion / Die göttlichen Quellen der Inspiration / Die Aufgabe der Phantasie / Dichtung und Prosa / Die Stimme / Chorgesang / Die beste Weise, Musik zu hören / Magie der Gestik / Die Schönheit / Idealisieren als Mittel zum Erschaffen / Das lebendige Meisterwerk / Der Aufbau des Tempels / Nachwort.

224 – Die Kraft der Gedanken

Von der Wirklichkeit der spirituellen Arbeit / Wie man sich die Zukunft vorstellen soll / Die psychische Verschmutzung / Leben und Kreisen der Gedanken / Wie die Gedanken sich in der Materie verwirklichen / Nach dem Gleichgewicht von materiellen und spirituellen Mittel suchen / Die Kraft des Geistes / Einige Gesetze, die bei der geistigen Arbeit zu beachten sind / Das Denken als hilfreiche Waffe / Die Kraft der Konzentration / Die Grundlagen der Meditation / Das schöpferische Gebet / Die Suche nach dem Gipfel.

225 – Harmonie und Gesundheit

Das Wesentliche ist das Leben / Die Welt der Harmonie / Harmonie und Gesundheit / Die spirituellen Grundlagen der Medizin / Atmung und Ernährung / Die Atmung / Die Ernährung auf den verschiedenen Ebenen / Wie man Müdigkeit vermeidet / Die Pflege der Zufriedenheit.

226 – Das Buch der göttlichen Magie

Die Wiederkehr magischer Praktiken und ihre Gefahr / Der magische Kreis: die Aura / Der magische Stab / Das magische Wort / Die Talismane / Über die Zahl 13 / Der Mond, Gestirn der Magie / Die Zusammenarbeit mit den Naturgeistern / Blumen und Düfte / Wir alle üben Magie aus / Die drei magischen Hauptgesetze / Die Hand / Der Blick / Die magische Kraft des Vertrauens / Die wirkliche Magie ist die Liebe / Ihr solltet niemals versuchen Rache zu üben / Exorzismus und Weihe von Gegenständen / Schützt eure Wohnstätte.

227 – Goldene Regeln für den Alltag

Das kostbarste Gut: das Leben / Bringt materielles und geistiges Leben in Übereinstimmung / Widmet euer Leben einem erhabenen Ideal / Der Alltag, Materie, die der Geist umwandeln soll / Das Essen als Yogaübung betrachten / Die Atmung / Wie man wieder zu Kräften kommt / Liebe macht unermüdlich / Der technische Fortschritt schenkt dem Menschen mehr Zeit für die spirituelle

Arbeit / Gestaltet euer inneres Zuhause / Die Außenwelt ist ein Spiegelbild eurer Innenwelt / Eure Zukunft wird so sein, wie ihr eure Gegenwart lebt / Kostet die Fülle der Gegenwart / die Bedeutsamkeit des Anfangs / Sucht das Licht, bevor ihr handelt / Achtet immer auf die erste Bewegung / Werdet euch eurer Denkgewohnheiten bewusst / Aufmerksamkeit und Wachsamkeit / Das Leben spirituell ausrichten / Legt mehr Wert auf die Praxis als auf die Theorie / [...]

228 – Einblick in die unsichtbare Welt

Das Sichtbare und das Unsichtbare / Das begrenzte Wahrnehmungsvermögen des Intellekts und das unbegrenzte Wahrnehmungsvermögen der Intuition / Der Zugang zur unsichtbaren Welt: von Jesod nach Tiphereth / Die Hellsichtigkeit: Aktivität und Rezeptivität / Sollte man sich von Hellsehern beraten lassen? / Liebt, und eure Augen werden sich auftun / Die Botschaften des Himmels / Sichtbares und unsichtbares Licht / Die höchsten Entwicklungsstufen der Hellsichtigkeit / Das spirituelle Auge / Gottesvision / [...]

229 – Wege der Stille

Lärm und Stille / Die Verwirklichung der inneren Stille / Lasst eure Sorgen vor der Tür / Eine Übung: in Stille essen / Die Stille, ein Energiespeicher / Die Bewohner der Stille / Harmonie als Voraussetzung der inneren Stille / Die Stille, Voraussetzung für das Denken / Suche nach Stille, Suche nach dem Zentrum / Menschliches und Göttliches Wort / Das Wort eines Meisters in der Stille / Stimme der Stille, Stimme Gottes / Die Offenbarungen des Sternenhimmels / »Das stille Kämmerlein«.

230 – Die Himmlische Stadt

Besucht auf Patmos / Einführung in die Offenbarung / Melchisedek und die Lehre von den beiden Prinzipien / Briefe an die Gemeinden von Ephesus und Smyrna / Brief an die Gemeinde von Pergamon / Brief an die Gemeinde von Laodizäa / Die Vierundzwanzig Ältesten und die vier Heiligen Tiere / Das Buch und das Lamm / Die 144.000 Diener Gottes / Die Frau und der Drache / Erzengel Michael streckt den Drachen nieder / Der Drache speit Wasser auf die Frau / Das Tier, das aus dem Meer emporsteigt und das Tier, das aus der Erde emporsteigt / Das Hochzeitsfest des Lammes / Der für tausend Jahre gefesselte Drache / Der Neue Himmel und die Neue Erde / Die Himmlische Stadt.

231 – Saaten des Glücks

Das Glück ist eine Gabe, die gepflegt werden muss / Vergnügen ist noch kein Glück / Nur die richtige Arbeit macht glücklich / Die Philosophie der Anstrengung / Licht ist das, was glücklich macht / Der Sinn des Lebens / Frieden und Glück / Seid »lebendig«, um glücklich zu sein / erhebt euch über die Lebensbedingungen! / Entwickelt eure Sensibilität für die göttlich Welt / Das Land Kanaan / Der Geist steht über den Gesetzen des Schicksals / Sucht das Glück in höheren Regionen! / Die Suche nach Glück ist die Suche nach Gott / Für Selbstsüchtige gibt es kein Glück / Gebt, ohne etwas dafür zu erwarten! / Liebt, ohne Gegenliebe zu verlangen! / Von der Nützlichkeit der Feinde / Der garten von Seele und Geist / Die Vereinigung auf höherer Ebene / Wir sind die Schöpfer unserer Zukunft.

232 – Feuer und Wasser, Wunderkräfte der Schöpfung
Wasser und Feuer, Grundprinzipien der Schöpfung / Das Geheimnis der Verbrennung / Die Entdeckung des Wassers / Wasser und Zivilisation / Eine lebendige Kette: Sonne-Erde-Wasser / Die Arbeit des Schmiedes / Das Gebirge, Mutter des Wassers / Vom physischen Wasser zum spirituellen Wasser / Nährt eure Flamme / Das Feuer ist das Mittel der Verwirklichung / Der Kreislauf des Wassers: Die Reinkarnation / Der Zyklus der Wassers: Liebe und Weisheit / Die Flamme der Kerze / Wie man das Feuer anzündet und erhält / Das Wasser, Medium universalis / Der Zauberspiegel / Der Baum des Lichtes / Das Herabsteigen des Heiligen Geistes / Bilder als Begleiter auf unserem Lebensweg.

233 – Eine Zukunft für die Jugend
Die Jugend ist wie die Erde im Entwicklungsprozess / Die Grundlage unserer Existenz ist der Glaube an einen Schöpfer / Der Sinn für das Heilige / Die Stimme der höheren Natur / Den richtigen Weg einschlagen / Studieren genügt nicht, um dem Leben einen Sinn zu geben / Der Charakter ist wichtiger als das Wissen / Erfolg wie Misserfolg meistern / Erkennt, wonach Seele und Geist streben! / Die göttliche Welt ist unsere innere Welt / Warum wird man in diese oder jene Familie hineingeboren? / Lernt aus den Erfahrungen der Älteren! / Vergleicht euch mit spirituell Höherstehenden, um voranzukommen! / Die Liebe unterstützt den Willen / Gebt euch nie geschlagen! / Lasst euch nicht durch eure Fehler entmutigen! / Der wahre Künstler der Zukunft / Sexuelle Freiheit? / Bewahrt die Poesie eurer Liebe! / Tretet ein in die universelle Familie!

234 – Die Wahrheit, Frucht der Weisheit und der Liebe
Die Suche nach der Wahrheit / Die Wahrheit, Kind der Weisheit und der Liebe / Weisheit und Liebe oder Licht und Wärme / Die Liebe des Schülers, die Weisheit des Meisters / Der Kern der Wahrheit / »Ich bin der Weg, die Wahrheit und das Leben« / Der blaue Strahl der Wahrheit / Die wirklich wahre Wahrheit / Bleibt der Wahrheit treu / Über Geschmack lässt sich nicht streiten / Objektive und subjektive Welt / Die Vorrangstellung der subjektiven Welt / Wissenschaftlicher Fortschritt und moralischer Fortschritt / Wahrheit der Wissenschaft und Wahrheit des Lebens / Wie man lernt, alles so zu sehen, als sei es zum ersten Mal. / Traum und Wirklichkeit / Die Wahrheit jenseits von Gute und Böse / Die Wahrheit wird euch frei machen.

235 – Im Geist und in der Wahrheit
Das Gerüst des Universums / Das Göttliche Amt für Gewichte und Maße / Die Verbindung mit dem Zentrum / Die Eroberung des Gipfels / Von der Vielfalt zur Einheit , Teil 1 und Teil 2 / Die Errichtung des Gebäudes / Die Kontemplation der Wahrheit: Die entschleierte Isis, Teil 1 und Teil 2 / Das Lichtkleid / Die Haut, Organ der Erkenntnis / Der Duft des Garten Eden / Im Geist und in der Wahrheit / Das Bild als einfache Stütze für das Gebet / Überreste sind nichts als Spuren ohne Geist / Nur im Geist begegnet man den Wesen wirklich / Die Sonne, Quintessenz jeder wahren Religion / Die Wahrheit der Sonne: Das Geben / Das Reich Gottes ist in uns.

236 – Weisheit aus der Kabbala
Vom Menschen zu Gott: Der Hierarchiebegriff / Darstellung des Lebensbaumes / Die Engelshierarchien / Die Namen Gottes / Die Sephiroth der mittleren Säule / Ain Soph Aur: Licht ohne Ende / Die Materie des Universums: das Licht / »Als der Ewige den Kreis zog über den Fluten der Tiefe...« / »Das Reich

Gottes gleicht einem Senfkorn« / Die kosmische Familie und das Mysterium der Heiligen Dreifaltigkeit / Der Körper des Adam Kadmon / Malkuth, Jesod, Hod, Tiphereth: Die Erzengel und die Jahreszeiten / Der Sephirothbaum, Symbol der Synarchie / Jesod: Die Grundlage des spirituellen Lebens / Binah / Chokmah, das schöpferische Wort / Jesod, Tiphereth, Kether: Die Sublimierung der Sexualkraft / Das Gebet Salomons.

237 – Das kosmische Gleichgewicht - Die Zahl 2

Die kosmische Waage - Die Zahl 2 / Das Pendeln der Waage / Die 1 und die 0 / Der jeweilige Platz des Männlichen und des Weiblichen / Gott steht über dem Guten und dem Bösen / Der weiße und der schwarze Kopf / Zyklische Schwankungen und Gegenpole: Das Gesetz der Gegensätze / »Um die Wunder einer einzigen Sache zu verbringen« - Die Symbole der 8 und des Kreuzes / Der Äskulapstab des Hermes – Die Schlange der Astralebene / Prinzip des Lebens und Prinzip des Todes: Iona und Horev / Das Dreieck Kether-Chesed-Geburah / Das Gesetz des Austauschs / Der Schlüssel und das Schloss / Die Arbeit des Geistes an der Materie – Der Gralskelch / [...]

238 – Der Glaube versetzt Berge

Glaube, Hoffnung und Liebe / Das Senfkorn / Wahrer Glaube und persönliche Überzeugung / Wissenschaft und Religion / Der Glaube geht immer dem Wissen voran / Die Wiederentdeckung des verborgenen Wissens / Die Religion ist nur eine Form des Glaubens / Unsere göttliche Abstammung / Der Beweis für die Existenz Gottes ist in uns / Die Identifikation mit Gott / Gott ist das Leben / Gott in der Schöpfung / Rabota, vreme, vera: Arbeit, Zeit, Glaube.

239 – Die Liebe ist größer als der Glaube

Die Ungewissheiten des modernen Menschen / Der zerstörerische Zweifel: Einheit und Polariastion / Der heilsame Zweifel / »Dein Glaube hat dir geholfen« / »Dir geschehe nach deiner Einstellung« / Nur unser Tun bezeugt unseren Glauben / Bewahrt euren Glauben an das Gute / »Wenn ihr nicht werdet wie die Kinder...« / Die Liebe ist größer als der Glaube / Worauf das wahre Vertrauen gründet / »Liebt einander, wie ich euch geliebt habe«.

240 – Söhne und Töchter Gottes

»Ich bin gekommen, damit sie das Leben haben« / Das Blut, Träger der Seele / »Wer sein Leben retten will, wird es verlieren« / »Lass die Toten ihre Toten begraben« / »Gott hat die Welt so sehr geliebt, dass er seinen einzigen Sohn hingab« / Jesus, Hohepriester nach der Ordnung Melchisedeks / Der Mensch Jesus und das kosmische Prinzip des Christus / Weihnachten und Ostern: Zwei Seiten aus dem Buch der Natur / Die Geburt des Christuskindes / Jesus, tot und auferstanden? / Das Opfer von Jesus am Kreuz: Die Kräfte des Blutes / »Aus seinem Leib werden Ströme lebendigen Wassers fließen« / Ein Sohn Gottes ist allen Menschen ein Bruder / Die Erde bevölkern mit Söhnen und Töchter Gottes.

241 – Der Stein der Weisen

Über die Deutung der Schriften, Teil 1 und Teil 2 / »Was zum Mund hineingeht, das macht den Menschen nicht unrein...« / »Ihr seid das Salz de Erde«, Teil 1 und Teil 2 / »Wenn das Salz seinen Geschmack verliert…« / Den Geschmack des Salzes kosten: die göttliche Liebe / »Ihr seid das Licht der Welt« / Das Salz der Alchimisten / »Und wie alle Dinge aus dem Einen entstammen…« / Die alchimistische Arbeit: Die 3 über der 4 / Der Stein der Weisen, Frucht einer mystischen Vereinigung / Die Regeneration der Materie: das Kreuz und der Tiegel / Der Mai-Tau / Die Entfaltung des göttlichen Keims / Das Gold des wahren Wissens: Alchimist und Goldsucher.

242 – Unerschöpfliche Quellen der Freude

Gott, Ursprung und Ziel unserer Reise / Sich auf den Weg machen / Das Leiden als Antrieb / Gottes Antworten in sich selbst suchen / In der Schule des Lebens: Die Lektionen der Kosmischen Intelligenz / »Wie ein Fisch im Wasser« / Gegenüber himmlischen Wesenheiten eingegangene Verpflichtungen / Ohne Angst voranschreiten / Einzig das Licht des Geistes darf uns führen / Unsere Zugehörigkeit zum Lebensbaum / Was es bedeutet, ins »Ausland« zu gehen / [...]

243 – Das Lächeln des Weisen

Der Weise lebt in der Hoffnung / Wie ein Hirte über seine Schafe wacht / Die Grenzen unserer Seele schützen / Die Erwartung, die uns wach hält / »Wenn die Auge rein ist, wird dein ganzer Körper im Licht sein« / Der Ernst, die Tränen, das Lachen, das Feiern / Die Lampe des Weisen ist voller Heiterkeit / Die Sprache des Eisens und die Sprache des Goldes / Sieg über das Leiden: Das Lächeln Gottes / Jedes Opfer prägt uns den Stempel der Sonne auf / »Der Größte unter euch soll euer Diener sein« / Dank: Quelle von Licht und Freude / Möge euer Name im Buch des Lebens eingetragen sein / Beim Festmahl.

244 – Dem Licht entgegen

Um nicht mehr sagen zu müssen: wenn ich gewusst hätte…! / »Lass deine linke Hand nicht wissen, was deine rechte tut.« / Programm für den Tag und Programm für die Ewigkeit / »Seid nicht besorgt um den morgigen Tag« / Allein die Gegenwart gehört uns / Bevor die Sonne untergeht / Der Übergang ins Jenseits / Das Leben ohne Grenzen / Die Bedeutung der Bestattungsrituale / Unsere Beziehungen zu den Familiengeistern / Was ist der Wille Gottes? / Im Dienste des göttlichen Prinzips / Zum Altar des Herrn aufsteigen / Schreitet beständig voran / An der Schwelle eines neuen Jahres.

Vom selben Autor:
Reihe Gesamtwerke

Band 1 – Das geistige Erwachen
Geboren aus Wasser und Geist – „Bittet, so wird euch gegeben. Suchet, so werdet ihr finden. Klopfet an, so wird euch aufgetan.“ – In den Augen offenbart sich die Wahrheit – Die Ohren bergen die Weisheit – Von der Liebe kündet der Mund – Liebe, Weisheit, Wahrheit – Bei Meister Deunov in Bulgarien Erlebtes – Die lebendige Kette der Universellen Weißen Bruderschaft.

Band 2 – Die spirituelle Alchimie
Sanftmut und Demut – Wenn ihr nicht sterbt, werdet ihr nicht leben – Lebendiger und bewusster Austausch – Der ungetreue Verwalter – »Sammelt euch Schätze...« – Das Wunder von den zwei Fischen und den fünf Broten – Die Füße und der Solarplexus – Das Gleichnis vom Weizen und vom Unkraut – Die spirituelle Alchimie – Die geistige Galvanoplastik – Die Rolle der Mutter während der Schwangerschaft.

Band 3 – Die beiden Bäume im Paradies
Das theozentrische, das biozentrische und das egozentrische System – Die beiden ersten Gebote – Was das menschliche Gesicht offenbart – Die magische Kraft der Gesten und des Blickes – »Schreitet voran, während ihr das Licht habt!« – Der Rat des Weisen – Das Gleichnis von den fünf klugen und den fünf törichten Jungfrauen – Das Öl der Lampe – Die beiden Bäume des Paradieses – Die Achsen Widder-Waage und Stier-Skorpion – Die Schlange in der Genesis – Die Heimkehr des verlorenen Sohnes.

Band 4 – Das Senfkorn
Symbole im Neuen Testament – »Das ist aber das ewige Leben, dass sie Dich, den einzig wahren Gott, erkennen...« – Der weiße Stein – »Und wer auf dem Dach ist...« – »Wer mir nachfolgen will, nehme sein Kreuz auf sich« – Der Geist der Wahrheit – Die drei großen Versuchungen – Das Kind und der Greis – »Ach, dass du kalt oder warm wärest!« – »Das ist ein köstlich Ding, dem Herrn danken...« – Das Senfkorn – Der Baum über dem Fluss – »Wachset und mehret euch...«.

Band 5 – Die Kräfte des Lebens
Das Leben – Charakter und Temperament – Gut und Böse – Der Kampf mit dem Drachen – Anwesenheit und Abwesenheit – Gedanken sind lebendige Wesenheiten – Die unerwünschten Wesen – Die Kraft des Geistes – Das Opfer – Das hohe Ideal – Frieden.

Band 6 – Die Harmonie
Die Harmonie – Die Medizin muss auf einer esoterischen Philosophie gegründet sein – Die Zukunft der Medizin – Der Schüler muss die Sinne für die geistige Welt entwickeln – Was uns das Haus lehrt – Wie die Gedanken sich in der Materie verwirklichen – Die Meditation – Menschlicher Intellekt und kosmische Intelligenz – Sonnengeflecht und Gehirn – Das Harazentrum – Das geistige Herz – Die Aura.

Band 7 – Die Reinheit, Grundlage geistiger Kraft

Jesod spiegelt die Tugenden aller anderen Sephiroth wider – Wie die Reinheit zu verstehen ist – Die Ernährung, Ausgangspunkt einer Studie über die Reinheit – Die Auswahl – Die Reinheit und das geistige Leben – Die Reinheit in den drei Welten – Der Lebensstrom – Friede und Reinheit – Von der magischen Kraft des Vertrauens – Die Reinheit der Worte – Man muss sich erheben, um die Reinheit zu finden – »Selig, die reinen Herzens sind« – Die Tore des himmlischen Jerusalem – Liebe und Sexualität – [...]

Band 8 – Sprache der Symbole, Sprache der Natur

Die Seele / Der Mensch und seine verschiedenen Seelen / Der Kreis (das Zentrum und die Peripherie) / Zeit und Ewigkeit / Die zwölf Aufgaben des Herkules / Der Große Frühling / Der erste Tag des Frühlings / Die wahre Ehe / Warum der Mensch beim Sündenfall die Tiere mit sich gezogen hat / Wie die beiden Prinzipien im Mund enthalten sind / Der Heilige Geist / Die Sprache der Symbole.

Band 9 – Im Anfang war das Wort –
Kommentare zu den Evangelien

»Im Anfang war das Wort« – »Man füllt keinen neuen Wein in alte Schläuche« – »Vaterunser« – »Suchet zunächst nach dem Reich Gottes und Seiner Gerechtigkeit« – »Die Ersten werden die Letzten sein« – Weihnachten – Der Sturm, der sich gelegt hat – »Die höchste Zuflucht« – »Vater, vergib ihnen, denn sie wissen nicht, was sie tun« – Die Sünde wider den Heiligen Geist ist die Sünde wider die Liebe – Die Auferstehung und das Jüngste Gericht – »Im Haus meines Vaters gibt es viele Wohnungen« – [...]

Band 10 – Sonnen Yoga –
Pracht und Herrlichkeit von Tiphereth

Die Sonne, Mittelpunkt des Universums – Wie man die ätherischen Lichtteilchen aus der Sonne aufnehmen kann – Unsere Seele nimmt beim Betrachten der Sonne deren Gestalt an – Unser höheres Ich wohnt in der Sonne – Die Sonne bringt die Samen zum Wachsen, die der Schöpfer in uns gelegt hat – Wie man die Heilige Dreifaltigkeit in der Sonne wiederfindet – Alle Geschöpfe haben ihr Zuhause – Der Rosenkranz der sieben Perlen – Der Meister im Rosenkranz der sieben Perlen – Jedes Geschöpf soll seine Wohnstätte schützen – Die Aura – Der heliozentrische Standpunkt – [...]

Band 11 – Der Schlüssel zur Lösung der Lebensprobleme

Die Personalität ist der niedere Ausdruck der Individualität – Der Mensch soll zu seiner Individualität zurückfinden – Sinn und Ziel von Jnani-Yoga – Vom Nehmen und Geben (Sonne, Mond und Erde) – Personalität und Individualität: Die Begrenzung der unteren Welt – Die unendliche Weite der höheren Welt – Die Individualität bringt das wahre Glück – In der Personalität absterben, um in der Individualität aufzuleben – Der eigentliche Sinn der Gärung aus esoterischer Sicht – Die Individualität wünscht Gottes Willen zu tun – Das Gleichnis vom Baum – Zwei Arbeitsmethoden zur Bewältigung der Personalität – Wie sich der Mensch von seiner Personalität ausbeuten lässt – Aus der Sicht der Individualität – Über den Sinn des Opfers in den Religionen – Die Individualität allein vermag das durch die Personalität gestörte Gleichgewicht wieder herzustellen – »Gebt dem Kaiser, was des Kaisers ist!« – [...]

Band 12 – Die Gesetze der kosmischen Moral

Ihr werdet ernten, was ihr gesät habt – Die Wahl ist wichtig: Sucht die Arbeit und nicht das Vergnügen – Schöpferische Tätigkeit als Mittel zur inneren Entwicklung – Die Gerechtigkeit – Das Gesetz der Affinität und der Frieden – Das Gesetz der Affinität und die wahre Religion – Naturgesetze und moralische Gesetze – Die Reinkarnation – Macht nicht auf halbem Wege halt – Über den rechten Gebrauch der eigenen Energien – Wie man die Quintessenz erlangt – Die Moral der Quelle – Warum wir unsere Vorbilder in den höheren Regionen suchen sollen – Durch seine Gedanken und Gefühle [...].

Band 13 – Die neue Erde

Gebete – Am Morgen – Für den Tag – Am Abend – Die Ernährung – Das Verhalten – Laster und Schwächen – Negative Gemütsverfassung – Schwierige Lebenslagen – Anleitungen zur Reinigung und Läuterung – Mitmenschliche Beziehungen – Beziehungen zur Natur – Die Sonne – Die Sterne – Das Wirken mit der Denkkraft – Die geistige Galvanoplastik – Der Solarplexus – Das Hara-Zentrum – Das Wirken mit dem Licht – Die Aura – Der Lichtleib – Einige Sprüche und Gebete – Spirituelle Gymnastikübungen.

Band 14/15 – Liebe und Sexualität

Band 14: Die beiden Prinzipien männlich und weiblich – Den Stier bei den Hörnern packen – Die Kraft des Drachens – Geist und Materie, die Sexualorgane – Die Eifersucht – Die zwölf Tore von Mann und Frau – Die Vergeistigung der Sexualkraft – Lernt richtig zu essen, um lieben zu lernen – Die Rolle der Frau in der neuen Kultur – Die Bedeutung der Nacktheit in der Einweihung – Liebe ist im ganzen Weltall enthalten – Wie kann man den Begriff der Ehe erweitern? – Die Schwesterseele – Die Frage der Bindungen.
Band 15: Die wahre Ehe: Geist und Materie – Die Sonne, Quelle der Liebe – Die Vestalinnen oder die neue Eva – Gebt der Liebe ihre Reinheit zurück – Die Liebe verwandelt die Materie – Die Aufgabe eines Schülers – Tantra-Yoga – Nutzt die Kräfte der Liebe in rechter Weise – Das Glück liegt in der Erweiterung des Bewusstseins – "Was ihr auf Erden binden werdet..." – Die wahren Waffen: Liebe und Licht – Auf dem Weg zur großen Familie.

Band 16 – Alchimie und Magie der Enährung - Hrani-Yoga

Die Bedeutung des Kauens und der Atmung – In Stilleessen – Nicht bis zur Sättigung essen – Das Segnen der Nahrung – Bedeutung und spirituelle Dimension der Ernährung – Meditation vor der Mahlzeit – Das Töten der Tiere und das Gesetz der Gerechtigkeit – Die Nahrung, ein Liebesbrief des Schöpfers – In Stille essen, um die Stimme der Nahrung zu vernehmen – Die Mahlzeit, magische und heilige Zeremonie – Ob gut oder böse, was ihr euch selbst zufügt, fügt ihr auch der ganzen Menschheit zu – [...]

17/18 – Erkenne Dich selbst – Jnani-Yoga

Band 17: Die synoptische Tafel – Der Geist und die Materie – Die Seele – Das Opfer – Die Nahrung der Seele und des Geistes – Das Bewusstsein – Das Höhere Selbst – Die Wahrheit – Die Freiheit.
Band 18: Die Schönheit – Die spirituelle Arbeit – Die Macht des Denkens – Die Erkenntnis: das Herz und der Intellekt – Die Kausalebene – Konzentration, Meditation, Kontemplation, Identifikation – Das Gebet – Die Liebe – Der Wille – Die Kunst, die Musik – Die Geste – Die Atmung.

23/24 – Die neue Religion – Eine universelle Sonnenreligion

Band 23: Der Strom des Lebens – Der Mensch und seine zwei Naturen – Ihr seid Götter – Die heliozentrische Revolution: Die Bruderschaft – Der Meister – Die Sonne, Abbild der heiligen Dreifaltigkeit – Ein neuer Typ Mensch: Die symbolische Bedeutung des Prismas – Die Nahrung: Das Wort – Wie man an seiner eigenen Materie arbeiten kann – Der Körper der Auferstehung – Die Gesetze des Schicksals.

Band 24: Die Lehre der Kraft – Der Sinn des Reichtums und des Besitzes in der Einweihungswissenschaft – Die Liebe ist Eins – Die wahre Ehe – Wie man die Auffassung der Ehe erweitert – Die Rolle der Frau in der neuen Kultur – Die wahren Grundlagen der Religion – Die geistige Schöpfung – Die Suche nach dem Stein der Weisen – An die Jugend und die Familien – Das Reich Gottes auf Erden.

Band 25/26 – Der Wassermann und das Goldene Zeitalter

Band 25: Das Wassermann-Zeitalter – Der Geist der Brüderlichkeit ist im Kommen – Jugend und Revolution – Kommunismus und Kapitalismus – Die wahre Ökonomie – Gold und Licht – Aristokratie und Demokratie – Die Politik im Licht der Einweihungswissenschaft.

Band 26: Die Prinzipien und die Formen – Die wahre Religion Christi – Die Idee der Pan-Erde – Der kosmische Körper – Das Reich Gottes und seine Gerechtigkeit – Das neue Jerusalem.

Band 27 – Die Pädagogik in der Einweihungslehre

Zuerst sollten die Eltern unterwiesen werden – Die Rolle des Unterbewusstseins bei der Kindererziehung – Erziehung und Bildung – Die Macht des Vorbildes – Die Jugend auf die Zukunft vorbereiten – Das Erlernen der Gesetze – Das Kind und der Erwachsene – Die Rolle eines Meisters – Die Nachahmung als Faktor der Erziehung – Die Einstellung gegenüber einem Meister – Die Methoden eines Meisters – Die Arbeit in der Einweihungsschule.

Band 28/29 – Die Pädagogik in der Einweihungslehre

Band 28: Weshalb man ein spirituelles Leben wählen sollte / Der Sinn des Lebens, die Entwicklung / Die gestaltende Vorstellungskraft / Lesen und Schreiben / Der Selbstmord / Eine neue Einstellung dem Bösen gegenüber / Die Raupe und der Schmetterling / Die Liebe, ein Bewusstseinszustand / Die Geburt auf den verschiedenen Ebenen / Die Sonne als Vorbild / Mann und Frau in der neuen Kultur.

Band 29: Die Gesetze der spirituellen Arbeit / Unsere Verantwortung / Das neue Leben erbauen / Das lebendige Wissen – Lasst die Quelle sprudeln – Die spirituelle Atmosphäre – Die Medizin der Zukunft – Lebt in der Poesie!

Band 30/31 – Leben und Arbeit in einer Einweihungsschule

Band 30: Zum »Tag der Sonne« / Le Bonfin / Die Arbeit in der göttlichen Schule / Hrani Yoga und Surya-Yoga / Der Geist dieser Lehre / Materie und Licht / Die Reinheit, Voraussetzung für das Licht / Der Sinn der Einweihung.

Band 31: Das neue Leben / Materialisten und spirituelle Menschen / Der wahre Sinn des Wortes Arbeit / Wie man mit Schwierigkeiten umgeht / Die Beschäftigung des Schülers mit seiner niederen Natur / Eitelkeit und Hochmut / Meister und Schüler / Wie man über die Vorstellung von Gerechtigkeit hinauswächst / Hierarchie und Freiheit / Die Allmacht des Lichtes.

Band 32 – Die Früchte des Lebensbaums

Wie man das Studium der Kabbala in Angriff nehmen sollte / Die Zahl 10 und die 10 Sephiroth / Der Lebensbaum: Struktur und Symbole / Die Erschaffung der Welt und die Emanationstherorie / Der Sündenfall und der Wiederaufstieg des Menschen / Die vier Elemente / Abendstunden am Feuer / Wasser und Feuer / Ein paar Worte über eine Schale Wasser / Das lebendige Wort / Die esoterische Kirche des Johannes / Binah, das Reich der Beständigkeit / Der Geist des Menschen ist nicht an die Vorbestimmung gebunden / Der Tod und das Leben im Jenseits / Menschliche und kosmische Atmung / Die Kardinalfeste / Der Mond und sein Einfluss auf den Menschen / Die vollendeten Seelen / Das Land der Lebendigen / Der Zauberstab / Die Naturgeister / Gegenstände als Gefäße für das Leben / Der Gralskelch / Die Errichtung des inneren Tempels.

Vom selben Autor

Reihe Broschüren

301 Das neue Jahr
302 Die Meditation
303 Die Atmung
304 Der Tod und das Leben im Jenseits
305 Das Gebet
306 Musik und Gesang im spirituellen Leben
307 Das hohe Ideal
308 Das Osterfest – Die Auferstehung und das Leben
309 Die Aura
310 In die Stille gehen
311 Wie Gedanken sich in der Materie verwirklichen
312 Die Reinkarnation
313 Das Vaterunser
314 Das Gesetz der Gerechtigkeit und das Gesetz der Liebe
315 Die Quelle des Lebens
316 Die Nahrung, ein Liebesbrief des Schöpfers
317 Die Kunst und das Leben
318 Die wesentliche Aufgabe der Mutter während der Schwangerschaft
319 Die Seele, Instrument des Geistes
320 Menschliches und göttliches Wort
321 Weihnachten und das Mysterium der Geburt Christi
322 Die spirituellen Grundlagen der Medizin
323 Meditationen beim Sonnenaufgang
324 Der Friede, ein höherer Bewusstseinszustand
325 Das Ideal des brüderlichen Lebens
326 Die ganze Schöpfung wohnt in uns
327 Der Preis der Freiheit

Verlags-Auslieferung

Frankreich (Hauptverlag)
Éditions Prosveta S.A.
B.P. 12 – F-83601 Fréjus Cedex
Tel. 04 94 19 33 33, Fax 04 94 19 33 34
E-Mail: international@prosveta.com
Internet: www.prosveta.fr

Deutschland
Prosveta Verlag GmbH
Grabenstr. 14, 78661 Dietingen
Tel. 07427-3430, Fax 0741-46552
E-Mail: info@prosveta.de
Internet: www.prosveta.de

Österreich
Harmoniequell Versand
Hof 37/4, 5302 Henndorf
Tel. und Fax 06214 7413
E-Mail: info@prosveta.at
Internet: www.prosveta.at

Schweiz
Éditions Prosveta
1808 Les Monts-de-Corsier 13
Tel. 021 921 92 18, Fax 021 922 92 04
E-Mail: editions@prosveta.ch
Internet: www.prosveta.ch

Auslieferungsadressen für weitere Länder finden Sie unter
www.prosveta.de/bestelladressen